叩开幸福之门

百姓调解

刘林军 ◎ 主编

河南大学出版社
HENAN UNIVERSITY PRESS
·郑州·

图书在版编目（CIP）数据

百姓调解：叩开幸福之门/刘林军主编.——郑州：河南大学出版社，2014.12（2015.11重印）

ISBN 978-7-5649-1808-8

Ⅰ.①百… Ⅱ.①刘… Ⅲ.①民事纠纷－调解（诉讼法）－案例－中国 Ⅳ.①D925.114.5

中国版本图书馆CIP数据核字(2014)第310822号

责任编辑 申小娜
责任校对 孙志飞
封面设计 李运星

出	版	河南大学出版社
		地址：郑州市郑东新区商务外环中华大厦2401号
		邮编：450046
		电话：0371-86059701（营销部）
		网址：www.hupress.com
排	版	郑州市今日文教印制有限公司
印	刷	郑州瑞光印务有限公司
版	次	2015年4月第1版
印	次	2015年11月第2次印刷
开	本	787mm×1092mm 1/16
印	张	8.75
字	数	139千字
插	页	2
定	价	20.00元

（本书如有印装质量问题，请与河南大学出版社营销部联系调换）

《百姓调解》丛书编辑委员会

主　编
刘林军

编委会成员
张　谛　冯　皓　黄啸宇　崔建中
杨　冼　许　斌

执行主编
冯　皓

副主编
卢　斌　李昆阳　张传伟　刘亚丹　李淑琴

| 百姓调解员风采

★何玲

★僧百信

★许桂荣

★王瑞萍

★褚劲松

百姓调解员 风采

★朱建红

★李亚楠

★潘书丽

★陈湘

★陈晓媛

★郭海洲

目录

前 言
　　民之安　和为贵　1

第 1 章　剪不断理还乱的夫妻情
　　我的婚姻保卫战　3
　　迷失的爱　11
　　后妈难当　19
　　拿什么拯救你　我的爱人　26

第 2 章　甜美又苦涩的爱情
　　我拿亲情赌爱情　37
　　一条短信引发的危机　45
　　被前妻插足的恋情　52
　　甩不掉的第三者　59

第 3 章　老吾老以及人之老
　　遗失的亲情　69
　　绿化带中的露宿老人　76
　　上门女婿不养老　87
　　本是同根生　相争何太急　93

第 4 章　可怜天下父母心
　　认子风波　101
　　妈妈　请别丢下我　109

爸爸 我要站起来 115

父女"暗战" 121

后 记

幸福是一种信仰 127

前言

民之安 和为贵
——写在《百姓调解》节目结集出版之际

《百姓调解》是河南电视台公共频道创办的一档民生栏目，但引起我的注意，却是在"百姓"的茶余饭后。

几年前回豫南老家过春节，家乡的乡亲们告诉我，他们最喜欢看河南电视台的《百姓调解》，看这个节目就像看左邻右舍发生的事情。村支书竟然说，村里看《百姓调解》多了，邻里纠纷减少了，都变得明白事理了，他这个村支书"好当多了"。

还有一次应邀到豫北参加一个法治讲座，一位基层法院院长对我说，《百姓调解》里的调解员真厉害，既知法懂法，又入情入理，"看一期节目等于上一节法治实践教育课"。

真是"墙里开花墙外香"！一个看似寻常的地面频道节目，在基层竟有如此影响力，可见是功夫不负有心人。后来，我特别留意看过几期《百姓调解》。虽然是街头巷尾，虽然是家长里短，虽然是村言俚语，虽然是争争吵吵，但却能像磁铁一样吸引我认真看下去。那"剪不断理还乱"的夫妻矛盾，那"直教人以身相许"的情感困惑，那"老吾老以及人之老"的赡养难题，那"可怜天下父母心"的亲子冲突，那"待晓堂前拜舅姑"的婆媳纠纷，谁说不是千年以来历史文化的折射？谁说不是现代底层社会生活的缩影？有道是：咫尺间呈万里势，尘微里转大法轮，屏幕上有众生相。许多时候，峨冠博带的高头讲章，未必有几行铭心刻骨的书信重要；慷慨激昂宏大叙事，反倒不如推心置腹的灯前细语。正是在这个意义上，《百姓调解》所体现出来的社会责任和媒体担当，所洋溢出来的人间情怀和职业精神，是其他节目所无法替代的。"百姓事，大可为；民之安，和为贵"——这大概就是《百姓调解》节目的宗旨和定位吧!

　　《百姓调解》节目从创办至今,已历经五个春夏秋冬,播发了一千多期。不改初衷的坚守,历久弥新的打磨,使这个节目不但扎根中原大地,而且广泛深入人心。今天,当图像变成了纸张,声响变成了铅字,千期节目变成一卷在手的时候,我们仍然可以感受到它沉甸甸的分量。固然,曾经的青枝绿叶变成了今日的观赏标本,当时的热闹喧嚣变成了今日的冷静思考,立体变成了平面,观众也变成了读者,可能会减弱一些阅读快感和审美感染。但是,只要你潜下心来,把一个个"案例"当成实证研究,把一则则"点评"当成时评阅读,把一篇篇"解析"当成法理推敲,就会别有一番启迪感悟在心头,就会有一种"朝花夕拾"的思想收获。

　　从《百姓调解》中可以读到传统文化。文化是民族的精神血脉,而这血脉又流淌在族群的每一个个体之中。从生产方式到生活习惯,从亲子关系到伦理秩序,从亲爱本性到风土人情,无不是传统文化的载体和印证。《百姓调解》所"调解"的内容,从本质上讲都是文化的冲突、文化的缺失、文化的错位和文化的嬗变。传统文化的精华与糟粕、执著与解构,在邻里关系和家庭矛盾中表现得淋漓尽致。从这个意义上,《百姓调解》就是传统文化的陈列室和展览馆。这里有"道之以德,齐之以礼"的劝告,也有"子不教父之过"的批评;这里有"人者仁也"的提醒,更有"讲信修睦"的强调。"父慈、子孝、兄良、弟悌、夫义、妇听、长惠、幼顺"的传统家庭伦理,"恻隐之心、羞恶之心、辞让之心、是非之心"的人性温暖传递,在《百姓调解》节目中都处处可以看到。中原是华夏文明的发祥地,中原的民风民俗、乡情乡愁更是中国传统文化的富饶原矿。读《百姓调解》,就是对这个原矿的一次再发掘,再提炼,再认识。

　　从《百姓调解》中可以读到时代变迁。地球在转,时代在变。《百姓调解》中的每一个镜头无不是社会发展和历史演变的一种映象。新中国成立60多年,改革开放30多年,人们的生活方式和思想理念已经和正在发生着不同的裂变和聚变。"四海变秋气,一室难为春"。每一片乡土,每一个家庭,甚至每一个个人,都不可能游离于国家和社会之外。现在既是社会转型期,又是经济换档期;既是黄金发展期,也是矛盾凸显期。《百姓调解》从一个个不同的侧面,给我们展示了千姿百态、千变万化、千类万汇的时代样貌。

前言

所谓"礼崩乐坏"中有观念创新,所谓"克己复礼"中又有传统继承。走出了"贫贱夫妻百事哀"的困顿,又走进了"认钱不认人"的怪圈;抛弃了"安贫乐道"的固执,又陷入了"骄奢淫逸"的迷宫;批判了"三从四德"的陋习,又出现了"任性乖张"的自妄。如此等等,是成长中的烦恼,还是新生的痼疾?是倒洗澡水时连婴儿一块倒掉,还是见惯不惊、听之任之?《百姓调解》用生动的案例、充分的调查和丰富的思辨,给我们以不同角度的鉴戒和教益。如果说,小说是时代的一面镜子,那么,以大量事实为脚本的声屏语言,更是我们认识社会的直观教材。

从《百姓调解》中可以读到法治精神。道德与法是所有社会成员都必须直面的人生课题。法律是道德的底线,而道德又是法律的魂魄。道德与法之间又有一个弹性很大的灰色地带。《百姓调解》虽然不是法庭调解,而是在道德层面的协商和调解,但它时时处处都与法律形影相随。法律和政策就是调解员的依仗和后台。这里,既有是非判断,也有风险判断;既有利益交割,也有情义交换。矛盾是普遍存在的,矛盾又是相互转化的。转化而不激化,引导而不误导。头上之尺,既是良知,又是法律。无论是成功的调解,还是失败的调解;无论是"你好我好",还是"割袍断交",都是一种道德的"观照",也是一种法律的"比照"。中国文化,"天理"、"国法"、"人情"三者并举。其实这三者之间并没有绝对的界限。理中有法,法中有情,反过来亦如是。《百姓调解》以自己独特的方式,诠释着什么是天理,什么是国法,什么是人情。今天,正在建设着法治国家、法治政府、法治社会。这一切,也都离不开建设一个守法明理的"法治家庭"。《百姓调解》所传递出来的法治理念和法治精神,是活色生香的,也是潜移默化的。本书在每一个所调解的案例后面,还专门有一段"法律解析"。这种"先摆事实后讲道理"的叙事结构,更容易入耳入脑,更具有说服力量。这也是《百姓调解》的一大亮色。

《百姓调解》,惠及百姓。如果说《百姓调解》是平民主义的意识形态,那么它让我们看到的是生活中正在发生的社会议题和社会情绪,给人们更多的是人性化、人文化的关怀和温暖。在政治生态出现"塌方式的腐败",社会生态出现"道德失序和伦理丧失"的时候,《百姓调解》一类节目的出现,无疑是给社会公平的天平上增加一个很有分量和正能量的砝码。

叩开幸福之门

无论是农耕时代还是工业时代，抑或是信息时代，家庭都是社会的细胞，家与国永远是不可切割的"命运共同体"，整个社会结构也无非是家结构的放大。越是诚信缺失，越是人心惟危，健康的家庭就越发显得重要。正是在家庭中，自然的亲子之爱、手足之情、父母之恩，才会滋养和充实我们的内心，使我们能够保持最基本的人性和希望。所以说，《百姓调解》绝不仅仅是一个栏目，一种调解，而是一种正义取向，一个时代向导，一项惠民工程。

习近平总书记有句风趣的名言："小康不小康，关键看老乡。""小康"不但指的是经济生活，更是幸福指数。"老乡"不但说的是农村基层，更是平凡家庭。美丽中国离不开美好家园，和谐社会离不开和睦家庭。家和万事兴，人定胜天定。如果说中国的道路是中国的文化、中国的国情和中国的历史使然，那么，中国的家庭就是这种国情、文化、历史的复合载体。《百姓调解》既是做的"老乡"的工作，也是做的"小康"的工作。田间村头有"复兴路"，百姓炕头有"中国梦"。小气候影响大气候，百姓事就是天下事，看似寻常最崎岖，诚若容易实艰辛。《百姓调解》，功夫不负，功德无量！相信许多看过《百姓调解》节目的观众，相信读过这本结集的读者，也会与我一样感同身受的。

是为序。

晓　阳

2014 年 12 月 16 日

（晓阳：本名杨诚勇，高级编辑，国家级有突出贡献专家，享受国务院特殊津贴。曾任河南电视台副台长、副总编辑。现为河南省广电协会驻会副会长、黄河科技学院新闻学院院长、河南省文艺评论家协会副主席、河南省省直作家协会副主席、河南省杂文学会副会长、河南省形象文化协会副会长。有《盛世微言》、《世风新语》等多部文集正式出版，入选《中国改革30年人物录》）

第 1 章
剪不断理还乱的夫妻情

- ◎ 我的婚姻保卫战
- ◎ 迷失的爱
- ◎ 后妈难当
- ◎ 拿什么拯救你 我的爱人

The Mediation For People

A Program to Knock on the Door of Happiness

第1章　剪不断理还乱的夫妻情

◎　我的婚姻保卫战

什么原因，让一个男人背叛家庭？又是什么原因，让一个年轻的女孩守着别人的老公不愿离去？都不愿放手的妻子和情人，他会选择谁？

调解员：你给我们电视台打电话求助，想让我们帮助什么？

陈女士：他在外面有外遇了，我想让你们过来帮忙调解一下，看能不能让他和那个女人断了，他现在和那个女人断不了。

解说：陈女士告诉百姓调解员，她与老公曹先生已经结婚十年了，育有一儿一女。在郑州和父母一起做点小生意，打拼了几年，虽说日子不算太富裕，但是也过得去。但是这份平静的生活却在两个月前被打破了，陈女士的老公出轨了！

调解员：你什么时候发现老公有外遇的？

陈女士：去年我就有点怀疑，但是没有证据。

调解员：没有事实？

陈女士：没有事实，我又不敢说什么。他让我和那个女人通过电话，我在电话里问她是谁，她说这个有用吗，她反复说这句话，我也就没有说什么，直接把电话挂了。

解说：为了把事情弄清楚，在陈女士的指引下，我们来到了曹先生工作的地方，可是曹先生却不在。

陈女士：你回来一下行不行？

解说：电话里，曹先生表示一个小时以后会回来。

调解员：和老婆怎么了？

曹先生：就是这几年经常吵架。

调解员：你觉得老婆和你之间的隔阂在哪儿？

曹先生：她就是太自私了，做事从来不顾及别人。

调解员：你说不顾全大局？

曹先生：是。

调解员：随心所欲，自己想什么就是什么，一点都不考虑男人的面子？

曹先生：嗯！

调解员：有没有？

陈女士：有。

调解员：因为什么？

陈女士：我就是不知道他心里的想法，他有事儿没事儿都不回家，自己待在外面。

曹先生：我为啥不回去？我回去干啥？我回去你就气我，我还回去干啥？

陈女士：在家也不和我说话。

曹先生：我在家里若是温温暖暖、舒舒服服的，我怎么可能不回去？

解说：曹先生告诉百姓调解员，结婚的这几年，两人总是吵架，妻子在家里不给自己好脸色，在外面也不给自己面子，日子过得非常不顺心。看来要解决曹先生出轨的问题，首先需要把夫妻俩的矛盾解开。百姓调解员决定让两人坐到一起好好说说。

曹先生：她这个人在外面不给我留一点面子。过完年后，我与朋友在隔壁一个棋牌室打麻将，有20多个人，她到那儿当着那么多人的面，抓着麻将就摔。

陈女士：我是到那儿就开始摔麻将的吗？我先问你回不回家，你有没有抬头看我一眼？给你打电话也不接。

曹先生：当着外人的面，你一点面子都不给我留，这都多少次了。

陈女士：你带我出去过几次？我在外面给你弄过几次难堪？

曹先生：我带你出去一次你弄一次，我还会带你出去？

调解员：你觉不觉得关于男人的面子问题，你老公刚才提的这两点很关键。

陈女士：有过两次（在外面不给他面子）。

第 1 章　剪不断理还乱的夫妻情

调解员：有过两次，老公给你指出了毛病，你就不要再争论了。

陈女士：我知道，因为我在乎他。

曹先生：你在乎？以前怎么不对我好点？晚了！

调解员：你觉得你能改掉之前的不足之处吗？

陈女士：只要你给我提出来，我都可以改，各方面我都可以改。

解说：面对陈女士的表态，曹先生始终没做出任何回应。百姓调解员决定，让曹先生带我们去见见他的女友小金，希望她可以主动退出。但就在去的路上，之前一直很平静的曹先生，突然情绪激动起来。

曹先生：我回到家里如果感到温暖，我怎么可能在外面找？我回到家里大人有笑脸，小孩有笑脸，我会在外面找小三？你让我跟小三断了，我不保证我能断，我过得不舒服。我不想一辈子就这样过下去，没钱的时候我怎么过的，我现在怎么过的？我跟谁说去？我回去晚了，你给我做饭不做？

调解员：男人在外面为了家，他吃饭不论时间啊。

曹先生：我回去你给我说过一句"你回来了"没有，你说过没有？你问过我一句"你吃饭没有？"你问过没有？

调解员：这是你的责任，作为一个妻子，最起码应该做到的你都没做到。

解说：曹先生像开闸的洪水一样滔滔不绝地诉说着自己的委屈。是啊，为了这个家能够过上好日子，曹先生把所有的重担都扛了起来，在外面努力拼搏，可是回到家没有可口的饭菜，没有温馨的感觉，夫妻之间还总是吵架，日积月累，换谁都受不了。可是话又说回来了，夫妻之间出现了问题，一方选择出轨肯定是不能解决问题的。

曹先生：假如说我要选择她的话怎么办？

解说：这个问题，对于陈女士来说犹如当头一棒，如果丈夫选择了小金，自己又该怎样面对这个结局？但思前想后，陈女士还是决定去见见小金，再为自己的婚姻努力一次。

曹先生：（和小金通话）你在干吗呢？见面说说吧。

解说：在向小金说明我们的来意之后，小金以现在工作很忙为由，不肯出来见面。

调解员：你觉不觉得你现在做得不对？

小金：人本来就是自私的，我也不需要说太多，我的想法就是这样，不管怎么样，我都不会变。

解说：小金在电话里说，自己与曹先生走到一起感觉很幸福，不会退出。

陈女士：那你出来说吧，电话里面说不清楚，也不方便。

小金：我现在没时间，而且我觉得我也没必要出来多说，该说的我都说过了。

解说：经过陈女士与小金的几番沟通，小金终于同意出来找个地方好好聊聊。

调解员：坐吧。今天我们一起过来找你，最主要的就是给你讲一下，你这个身份不太对。自己的父母养女儿，是想让未来的老公把她明媒正娶娶回家的。

小金：但是我这个人，可能也是因为我的性格，我的性格比较强，也有点傲，我如果自己争取了，努力过了，就算没有什么结果，我也不会影响他们。

调解员：你不觉得你在这个关系当中很不光彩，你和他们之间，你觉得这个问题应该怎么解决最合适？

小金：首先光彩不光彩这个事儿，在我没碰到这种事时，我觉得我肯定接受不了。但是人都是有感情的，这个感情我自己也控制不了。

解说：小金说，自己做出这样的决定是经过深思熟虑的，她觉得与曹先生在一起自己很幸福。

小金：就像姐说，如果人人都像我这样，天下就会大乱。但问题是，现在很多人都这样，我不管天下乱不乱，我就坚持这样。

调解员：你能接受孩子吗？

小金：我既然已经选择了，我就能接受。

解说：小金说，只要曹先生愿意与自己在一起，并不介意在24岁的时候给两个孩子做继母，并且小金认为自己这样的选择对三方都好。

小金：我喜欢，我想做的我就会做。

调解员：你的父母把你养了这么大，有这么高的学历，就是让你做这种事的？

第1章 剪不断理还乱的夫妻情

小金：我没有做什么，我就是选择我自己的幸福，就这么简单。

调解员：你觉得很幸福吗？

小金：我觉得很幸福。

调解员：你认为自己以一个小三的身份插足别人的家庭，还幸福吗？

小金：我觉得幸福就行了。

调解员：那你的道德呢？

小金：我已经不去想什么道德不道德了，我认为我选择一个什么样的男人是我一辈子的事情，我认为值得就值得，不值得就不值得。

调解员：你要把自己的幸福建立在别人的痛苦之上？

小金：如果说我现在放弃了，那是三个人的痛苦。

调解员：你的幸福是建立在拆散这个家庭之上的，你怎么看这个问题。婚姻是受法律保护的，因为你的存在，你的坚持，你让这个家庭破裂了。

小金：你认为我现在退出，对大家都好？一个人想选择什么就选择什么，什么都要顾后果，都要顾虑别人的感受，累不累啊？

调解员：你现在是在破坏别人的家庭啊。

小金：破坏就破坏吧，是我一个人自私……

曹先生：干啥呢？

调解员：干什么？起来！

解说：小金的一句破坏就破坏吧，彻底惹恼了陈女士，气急败坏的陈女士甚至用暴力来发泄自己心中的愤怒。

调解员：先松手。

陈女士：不要脸。

解说：面对眼前这一幕，陈女士的儿子近乎疯狂地拍打着自己的父亲。我们不禁要问，这样的一幕，他们难道没有想过会对孩子的心灵造成怎样的影响吗？

小金：她先打我的，我没还手，你自己看吧。我没理的时候不会与她争，但我有理时，我不会让步。看我的脸，她一直打我，我没还手。

曹先生：我不过了，我跟她（陈女士）不过了，行不行？

调解员：不过了，可以啊，这是你们的自由。

曹先生：不过了。

小金：我现在要去医院，没啥说的了，我已经仁至义尽了，你让他自己选吧，如果他选择放弃，我就放弃。

解说：脸上这一道道的伤疤，有人看着会解气，有人看着会心疼，这事情究竟还会怎么发展？由于脸上有伤，爱心调解员跟随曹先生带着小金来到了新郑的一家医院对伤口进行处理。

小金：你以为我要承受的东西少吗？我要承受的太多了，我如果不是爱他，我需要这样做吗？

调解员：你觉得自己还很有理吗？

小金：我没觉得我有理。

曹先生：那明年我离婚了呢？

调解员：可以啊，那合法。

解说：刚才那一幕是谁都不想见到的，但是动手毕竟不是解决问题的方法。对于小金来说，当初选择一个有妇之夫本身就是不对的，这或许也是一种代价。那么曹先生呢？如果当初在生活中遇到矛盾时能够好好地解决，或许夫妻感情就不会破裂。退一步来讲，如果他是在离婚之后选择和小金在一起，谁也不会说三道四。

调解员：这就是自己种的苦果自己吃，对不对？如果你换位思考一下，也许就能理解陈女士了。

小金：是这样的，我没什么说的了。

调解员：现在这种局面大家都不舒服，我想让你退出。

小金：我为什么要退出啊？

调解员：你为什么不能退啊？

小金：我为什么要退啊？

调解员：他有孩子，有老婆，你为什么不能退啊？你以第三者身份插足别人家庭，你觉得很光荣吗？你能不能退出？

小金：我不会，我永远都不会。

解说：尽管百姓调解员磨破了嘴皮，但是小金始终不愿意退出这场家庭纷争，一再表示会与陈女士抗争到底。

调解员：你下一步怎么想？

陈女士：以后我的错我会改。

第1章 剪不断理还乱的夫妻情

调解员：对，另外我也要告诫你，作为女人，一定要知道老公在外面的辛苦，一定要关心老公。你老公说，是因为家里很压抑，才造成今天这样的结果。

解说：陈女士表示坚决不会与丈夫离婚，而曹先生再次选择沉默不语。或许这个选择让他很为难，但是他也要明白，今天这样的局面，全是他一个人造成的。事情一直这样拖着也不是长久之计，最终还是要做出一个选择。我们希望曹先生能够尽快地做出决定，给父母、妻子、孩子，给小金一个交代。经过这件事情，我们不禁要感慨，婚姻需要用心经营，当问题出现时，要勇于面对和解决，而不是寄希望于用另一种错误来解决已有的矛盾。在婚姻里，双方都应该对彼此忠诚，信任对方，要善于沟通。只有这样，婚姻才能够长久，生活才会幸福。

记者　郭新艳

点评

排他性，是男女感情的规则，因此三角恋爱对爱情关系的伤害最大。曹先生是"剪不断，理还乱"，如果你犹豫，那么你两个都会失去，如果你早做决定，也许还能保住一个。但是你两个都想要，你谁都不配得到。

男人出轨，一是对婚姻现状有不满，二是对外界诱惑无法抵挡。陈女士需要冷静，冲动解决不了问题，甚至不能解气，而是应理智地弄清他出轨的原因，并反省自己失误的因素，比如脾气倔、自我为中心、不克制情绪等。每次任性时你想过吗？你发泄完了，接下来怎么办？

既然曹先生已有家庭，小金如此坚持就是错的，这是把自己的感情廉价处理了。已婚男人的家庭，是你无法超越的高度，你徒有一片冰心在玉壶，却常常演变成卑躬屈膝的取悦，大好的感情抛洒给半个男人,太不划算了。女人,为什么就不醒醒呢?祝福陈女士打好这一场婚姻保卫战。

百姓评论员　许蔚虹

法律解析

《中华人民共和国婚姻法》第四条规定"夫妻应当互相忠实",曹先生在与陈女士存在合法婚姻关系的情况下,与小金产生感情纠葛,违背了法律规定、家庭道德。根据《中华人民共和国婚姻法》第三十二条规定,如果曹先生认为与陈女士感情破裂,可与陈女士协商离婚,或者到人民法院起诉离婚。原则上第一次起诉不判决离婚,第二次起诉符合第三十二条规定的基本可以得到支持,法律不保护感情,不可能判决曹先生必须和陈女士生活在一起。根据《中华人民共和国婚姻法》第四十六条、四十七条,《最高人民法院关于适用〈中华人民共和国婚姻法〉若干问题的解释(一)》第二十八、二十九条之规定,如果陈女士有证据证明曹先生和小金存在同居事实,可以主张曹先生少分或者不分两人共有财产,也可以向曹先生和小金主张损害赔偿。

河南方邦律师事务所　付志勇律师

第1章 剪不断理还乱的夫妻情

◎ 迷失的爱

杨女士和丈夫王先生结婚将近30年了,有一双儿女,两人的感情也一直不错。可是八年前的一天,丈夫突然就离家出走了。那么杨女士的丈夫为什么离家出走呢?

杨女士:我今天求助目的就是让他回家。

解说:家住登封市的求助人杨女士一见到百姓调解员就直接说出了求助目的,而杨女士口中的他正是她的丈夫王先生。杨女士告诉调解员,丈夫离家出走已经八年了。

调解员:你俩结婚以后吵架不吵架?

杨女士:不吵。

杨女士:饭都是我给他端到面前,想吃啥我给他做啥。俺老头说了,死活就是要她,也不让我走,俩都要。

解说:杨女士告诉调解员,丈夫离家出走只是为了一个女人。平时除了偶尔回家看看家中上年纪的父母,其他时间都是和那个女人在一起生活。

调解员:那个女人,他俩怎么认识的,你知不知道?

杨女士:她男人和俺老头是好朋友,好着好着……

调解员:把他媳妇儿弄跑了?

调解员:她和那个男人没有小孩儿吗?

杨女士:有。

调解员:也有小孩儿?

杨女士:她孩子一二十了。

调解员： 等于说这一个女人找了两个丈夫，是不是这样？

杨女士： 嗯。

解说： 杨女士说，她一个人带着两个孩子生活了八年，现如今女儿已经出嫁，儿子也已长大成人，原本想睁一只眼闭一只眼，就这么生活下去。可是现在自己实在是忍受不下去了，希望丈夫能够尽快回家。那么事实是否如此呢？随后调解员跟随杨女士去见她的丈夫王先生。

调解员： 有人没有？

解说： 来到王先生租住的地方，调解员并没有见到王先生，而是见到了一个自称是小红的女人。

调解员： 把那个男人叫出来。

小红： 来吧，先坐吧。

解说： 这个女人就是杨女士口中所提的那个女人，调解员向这个女人说明来意之后，她表示早就想把事情摊开说了，随后她拨打了杨女士的丈夫王先生的电话。

小红： 喂，你过来吧，你老婆来了，调解员也过来了。

解说： 在和小红聊天的过程中，我们得知，她曾经也有过一段不幸的婚姻，那么她和王先生为什么走到一起呢？当调解员想多了解一些的时候，杨女士的丈夫王先生来到了现场。

调解员： 你回来了？

王先生： 嗯。

调解员： 咱坐一块儿说说？

王先生： 你是百姓调解员吧？

解说： 王先生一眼就认出了百姓调解员许桂荣，可是还没说两句话，旁边的两个女人就都沉不住气了，互相对骂了起来。

王先生： 吵啥吵？

杨女士： 我吵什么？你过不过了？

调解员： 好啦。

解说： 在调解员的劝说下，两个女人总算冷静了下来，担心两人见面再起冲突，调解员让小红先到楼下等待，让杨女士和丈夫两人好好谈谈。那么王先生真的是为了这个女人离家出走的吗？

第 1 章　剪不断理还乱的夫妻情

王先生：俺爹九十多了，俺妈也八九十了，俺姐都不敢去俺家，去一次，她在家里闹一次，我连个年都过不成。

解说：王先生告诉调解员，自从和妻子结婚以后，杨女士就经常和父母发生争吵，不仅如此，连王先生唯一的姐姐去看望老人，也被杨女士骂了出去，他早就想离婚了。

杨女士儿子：这个小红是俺姑给俺爸介绍的。

杨女士：她说："要不是我给你爸介绍，你爸就不认识这个女人。"所以我才骂她。

解说：杨女士说，和丈夫结婚以后，她一直都很孝敬父母。自从丈夫和小红走到一起后，大姑子就对她恶语相向，两位老人也经常要赶杨女士出去。杨女士气不过，也就回了几句。

调解员：你没有找这个女人之前，她骂人不骂？

王先生：原来她俩就不说话。

杨女士儿子：你胡说，俺妈她俩原来是说话的。

解说：杨女士的儿子告诉调解员，他奶奶根本就不了解情况，还经常训斥母亲不懂得体谅父亲。母亲每次听到这些话，就觉得很委屈。这样你一句我一句，奶奶和母亲就争执起来了，而且这些事都是发生在父亲和小红走到一起之后，而王先生并不这么认为。

王先生：俺母亲耳朵有点聋，听不见。一说她就骂，一说就骂，就是这情况。

调解员：那时候因为啥？

王先生：我也不会昧着良心说话，好就是好，赖就是赖，是不是？

调解员：对啊。

王先生：她没说过的话我非说她说过，那没意思，是不是？现在就是有啥说啥。

解说：王先生还是十分坚定地告诉调解员，离开妻子，就是因为妻子不孝敬父母。两人各执一词，孰真孰假，我们也无从分辨。调解员提议让王先生给母亲打个电话，询问一下情况。

王先生：她听不见。

调解员：给你姐打电话。

王先生：没有人。

调解员：没人算了。

解说：电话没有接通,事实真相我们不得而知,调解陷入僵局。无奈之下,调解员决定从王先生的儿子身上寻求突破点。

调解员：你爸这样做,孩子你有啥看法?

杨女士儿子：我和他说几次了,但他不回家。

调解员：因为啥?最终目的是啥?

杨女士儿子：他添了个小女儿,不舍得丢掉这个小女儿。

解说：王先生儿子的话让调解员很不解,这话是什么意思?从杨女士口中,调解员了解到,王先生和小红之间已经有一个女儿,今年已经三岁多了,这是否是真实情况呢?

调解员：你小女儿多大了?

王先生：三四岁了。

调解员：你的意思就是这个小女儿你放不下?

王先生：对。孩子这么小,如果我不要她了,那有良心没有?

调解员：你现在的意思是,你还是一直脚踏两只船?

解说：王先生承认和小红已经有了孩子,他说孩子马上就要上学了,如今孩子的户口还没上,为了孩子,他也会尽快和杨女士离婚。

调解员：儿子那么大了,快结婚了,如果儿媳妇来你家打听情况,老公爹是这样的人,谁愿意嫁给你的儿子呢?以后你这个妞没有户口,她长大了会不会恨你?会不会恨她娘?现在如果原配说不和你离婚,让你回家,这个小女儿她养着,你什么意见?

王先生：我不可能和她回家,过不成了。

调解员：过不成,你俩离婚以后你再和小红过。

王先生：她不和我离婚。

调解员：你现在的目的我很清楚,家里红旗不倒,外边彩旗飘飘。

解说：不管调解员如何劝说,王先生都说和妻子不可能再继续生活了。而一旁的杨女士告诉调解员,其实小红还没有离婚,这是真的吗?随后调解员决定去楼下找小红问问情况。

小红：我们当时都有家庭,但我老公经常打我,噼里啪啦地打我。

第1章 剪不断理还乱的夫妻情

解说：小红说，当初和王先生认识的时候她也有家庭，和丈夫还有一个儿子，可是却时常遭到丈夫的打骂。因此王先生就对她多加关怀。两人日久生情，就走到了一起，为此还和丈夫离婚了。为了证实自己的说法，小红拨通了前夫的电话。

调解员：我想问你一下，你和你老婆离婚了没有？

小红前夫：离婚了。

调解员：她认识的这个男人，是和你离婚以后认识的还是离婚前就认识的？

小红前夫：离婚以前认识的。

调解员：原来你知道他俩的关系吗？

小红前夫：基本都知道。

解说：小红的前夫说，他和王先生就是一个村的，当发现小红和王先生有不正当关系时，自己非常生气，多次制止。可是小红并没有和王先生断绝关系。无奈之下，自己就成全了妻子小红和王先生。调解到这里，调解员觉得应该让小红和杨女士、王先生他们三人在一起好好谈谈了。

调解员：她才离婚四年，你们在一起八年了。你破坏别人的家庭，仅图一时的痛快，一时的高兴，啥都不顾，现在的结局怎样收场？

解说：调解员希望王先生和小红都能认识到曾经犯下的错误，一时冲动使得两个家庭破裂。希望王先生今天能做出选择，可是一旁的王先生却默不作声。无奈之下，调解员只好将小红拉到一旁，了解一下小红内心的想法。

调解员：怎么哭了，你给我说说，因为啥？

解说：没想到，一坐下小红就哭了起来，这让我们不解，她究竟想说什么呢？她是否要做出什么决定呢？

调解员：他的老婆再不好，在法律上来说他们也是合法夫妻。孩子一天一天在长大，孩子上学没户口怎么办？你想过这些后果没有？你自己简直是一点脸面都不顾了。

解说：也许是调解员的话说到了小红的心里，也许是想到了孩子的将来，小红告诉调解员，她已经有决定了。

小红：我以前做得不对，你们孩子都这么大了，以后你俩一起过，行不行？

叩开幸福之门

解说：小红表态，将永远地离开王先生，一个人将孩子抚养长大。可是一旁的杨女士并不相信她说的话，为了表明决心，小红走到杨女士面前，向杨女士诚恳道歉。

调解员：彻底退出，行不行？

小红：行。

调解员：每个月你给小红拿多少钱养活孩子？

小红：我不让他拿，一分钱都不让他拿。

调解员：你不让他拿是你的事。我问他，孩子你管不管？

王先生：我肯定得管。

解说：在调解员的劝说下，王先生表态，给孩子一定的抚养费，但小红并没有接受，之后小红就离开了。既然如此，调解员决定先劝劝王先生，希望他能慎重考虑一下。

调解员：原配有优点没有？

王先生：人都有优点和缺点。

调解员：你给我说说她的优点是啥。

王先生：勤快。

调解员：就这个？你在外面找了别的女人，这两个孩子谁给你照顾这么大？

王先生：孩子我都给他养大了。

解说：王先生说，自己尽管离开家了，可是这些年也一直往家拿钱。听到丈夫说这些话，杨女士不愿意了。她告诉调解员，这些年王先生除了偶尔回家看看老人，其他时间根本就不在家，也不管他们娘仨的死活，此时王先生的女儿也来到了现场，调解员决定问问女儿的意见。

调解员：你爹将来老了，你会管他吗？

杨女士女儿：他要回家住，我管他，不回家我就不管他。

解说：虽然王先生的女儿希望父亲能够回家，但是调解员觉得女儿这句话说得有些过激。不管王先生如何选择，调解员希望女儿不要干涉父亲的意愿，更不能赌气说出不负责任的话来。

调解员：你爹虽然走到这一步，但没有把你姐弟俩忘了，这一点你们要知道。不管怎么说，你爹给了你生命，这个恩情你永远报答不完。（转向王

第1章 剪不断理还乱的夫妻情

先生）你闺女恨你都是你自找的，但话又说回来，我只能给你闺女讲将来让她管你，可是我希望你，不管是因为哪个女人，都要对自己的孩子负责。

王先生：孩子毕竟是我的孩子。我敢说，对俺孩儿，我把心都掏出来了。

解说：尽管调解员并没有让女儿表态，但是看得出，也许在她的心里此时已经不记恨父亲了，希望他们父女俩在以后的生活中能够多沟通。调解到这里，王先生还是决定和杨女士离婚。

调解员：现在是你在外边找了第三者，错都在你。这个家产你能不能不要，都给女方，你净身出户？

王先生：我不要可以，但是俺爹俺娘必须住在家里。

解说：王先生表态，只要能和妻子离婚，他可以净身出户。只有一个条件，让两位老人继续在家里居住。看样子，王先生是真的下定了决心。无奈之下，调解员只好问问杨女士此时的想法。

杨女士：我受这么多年苦，让他给我拿十七八万块钱。

解说：看得出，杨女士并非想要精神赔偿费，也许只是觉得这么多年的辛苦没有得到回报。事已至此，调解员只好劝杨女士想开一些。

调解员：你想哭出来就哭出来，哭出来心里也好受一点，你这样憋着不哭，将来还会生病。虽然说他离家出走的时候，孩子都十几岁了，但你也付出了很多，很辛苦。他现在和你没感情了，我没法从边缘上拉他回来了。

解说：最后双方达成协议：一、夫妻因感情不和，自愿解除婚约；二、双方共同财产归女方所有；三、女方同意男方父母继续在家居住，女方暂时不在家居住，待男方父母百年之后，房产将归女方所有；四、三年之内，男方补偿女方三万元钱，如女方和男方父母发生争执，男方将不做补偿。

记者　阮　峥

点评

中年危机，是指很多中年夫妻在经过了长时间习以为常的婚姻生活后，很容易对彼此疲劳和麻木，这个时期也是婚外情的高危期。虽然上有老下有小，这个时期反而尤其应该重视感情的经营，不要轻易被诱惑打败，第三者带给你的不仅仅是新鲜和激情，更是烦恼和为难，还会有尴尬的私生子与没法尽孝的无奈。

对于王先生的两段感情，四十岁左右的男人应当引以为戒，男人四十一枝花，相信这句话的女人，比较傻，而相信这句话的男人，更傻。

聪明人想到的是：脚踏两只船，容易落水。

百姓评论员　许蔚虹

首先，王先生和小红以夫妻名义生活在一起，并生育一女儿已形成事实婚姻，构成重婚罪，根据《中华人民共和国刑事诉讼法》的规定，"重婚罪"属于人民法院直接受理的自诉案件，杨女士可以直接向人民法院起诉追究王先生和小红的刑事责任，同时杨女士也可以放弃。

根据《中华人民共和国婚姻法》第二十一条规定，父母对子女有抚养教育的义务，王先生和小红所生的女儿，无论小红是否拒绝王先生对女儿抚养，都不免除王先生对女儿的抚养义务，王先生的孩子也不因王先生"这段迷失的爱"而免除对王先生的赡养义务。

河南方邦律师事务所　付志勇律师

第1章　剪不断理还乱的夫妻情

◎ 后妈难当

夫妻早已离婚，为何却在同一个屋檐下共同生活？婆媳不和，后妈难当，都使这个破碎的家庭矛盾重重。

解说：我们今天的求助人是小秀，她和她的丈夫究竟发生了什么事情，让她如此伤心？

小秀：俺俩现在没法过了，彻底没法过了。我让你们来的目的就是想让你们帮我看看，俺俩分开后，关于孩子归属和赔偿方面的问题。

解说：家住郑州的小秀一见到调解员就说出了这样的话，究竟是什么样的情况让她态度如此地坚决？这件事情还得回溯到十年前她跟胡先生相识的时候。

小秀：俺俩是2002年认识的，当时他有个3岁的男孩。

调解员：当时他离婚了？

小秀：如果他没有离婚，我们就没办法结婚。我们结婚后，他说儿子太小，所以我们到2007年才生了个妞。

解说：虽然当时胡先生已经带着一个男孩，但是小秀却义无反顾地爱上了这个男人。不久之后两人就结婚生活在了一起，小秀也就成为了一位后妈。

小秀：我对那个孩子不能说视如己出，也是很用心了。说实话，那时候就觉得对孩子好就行了，但是他奶奶总是在中间横加干涉，她不放心我带孩子。后来这种情况就愈演愈烈。

解说：小秀说，作为后妈，婆婆对自己照顾她的孙子始终都不是很放心，尤其是小秀与胡先生有了自己的女儿之后，婆媳之间的矛盾更多，这让小秀苦恼不已。自己在婆婆那儿受了委屈,但是在丈夫那儿却又得不到宽慰和理解。2009年两人就离了婚。但是小秀为了女儿,并没有离开这个家庭。可是为何现在才提出向前夫要抚养费的问题呢?

调解员:他的收入情况怎么样?

小秀:到现在我都不知道他一个月多少工资,我自己都觉得可笑。

调解员:妻子当得太失败了,咱一块儿去找找他,走,妞。

解说:十年夫妻,竟然不清楚丈夫的收入,带着疑问,调解员来到小秀的家中,见到了她的前夫胡先生。见到调解员,胡先生同意好好谈谈。

调解员:不管丈夫出去挣多挣少,最起码回来跟媳妇儿有个沟通。

胡先生:怎么没和她说?她问多少钱,我说1600元。

小秀:我就问了他一次,他是和我这样说的。其他的我也不知道。

胡先生:工资卡没有给她,因为每个月还得还1200元钱的房贷。

解说:胡先生说,虽然他们已经离婚了,但是依然在给小秀还着房贷,他这样做的目的是什么呢?是为了弥补十年来对小秀的愧疚,还是想留住小秀的心呢?

调解员:买了多大的房子?

小秀:三室一厅。

调解员:谁的名字?

小秀:我的。

调解员:妞,我觉得你老公这一点做得不错。

解说:这时小秀没有说话,此时调解员突然想到之前小秀说过自己是由于顶不住婆媳压力才选择离婚的,难道他们婆媳之间的矛盾真的有这么深吗?

胡先生:她说的这个问题,不是像她想的那样,那是俺妈的亲孙女,她不会对孙女不好。

调解员:作为儿子和丈夫,在中间可为难了。你妈秉性就是那样了,她已经是老人了。

胡先生:我也跟俺妈吵过,小秀还劝我不让我跟俺妈吵。

调解员:小秀还劝你?

解说:看来小秀对于自己的婆婆还是十分地尊重,不希望前夫为了自己与母亲闹矛盾。但是婆婆的口无遮拦确实伤透了小秀的心。

第1章 剪不断理还乱的夫妻情

调解员：你不希望他和他妈去吵去闹，就是想自己的老公能够心贴心地跟自己在一块儿过下去，是不是这意思？

小秀：就是这意思。如果他和她吵，她就和他闹，越闹心结越大，距离越远。

解说：小秀说这次之所以要彻底离开这个家，向前夫索要抚养费，是因为她收到了儿子的一封信，这封信让她的心彻底崩溃了。究竟是什么样的一封信呢？

调解员："你要是不认识我爸，你现在估计还是一个村姑，每天做着种地、做饭这些事儿。要是没有你，我爸、我奶奶存下来的钱够我们一家人买一个大房子，什么电器应有尽有，我爸也不用为我上中学而奔波。你有没有想过离开我爸后，你能住哪儿？你估计连车票都买不起。"

小秀：儿子几次对我说："早跟我爸离婚了，怎么又回来了？爱财主义者，我有点不喜欢你，你走吧，不要再赖在这儿不走。"

调解员："你要走就走，没你这个家一定更好。"这是……

小秀：他儿子写的。

解说：小秀哭诉着自己做后妈的委屈，自己对这个继子这么多年的付出，如今却换来了这样伤人的话，调解员也理解小秀坚决要走的原因。

调解员：孩子的妈妈来看过孩子没有？

胡先生：我从来没有见过她。

调解员：她给过儿子抚养费没有？

胡先生：没有。

调解员：她既然把儿子带到世界上来了，就有义务来抚养儿子，她永远是孩子的法定监护人。不管怎么说，小秀这个继母比亲娘做得好。他现在对继母竟然说出这样的话。我给你说，孩子没有什么过错，主要是看咱大人平常对孩子灌输怎样的思想。

小秀：我也知道，孩子能说出这样的话，是有原因的，他这么小，他自己不可能说出这样的话。

解说：面对调解员的质问，胡先生起身走了出去。经过调解员的劝说，胡先生同意回去好好谈谈。

胡先生：是孩子写的不错，中午俺俩拌了句嘴。

调解员： 孩子在一边听不惯了。

胡先生： 孩子在这屋学习呢，他都听见了。

调解员： 你俩吵架，孩子有一种心理倾向，肯定要无条件站到爸爸的立场上。虽然说了几句伤害你的话，但他爸在中间又做了一些工作，后来孩子给你赔礼道歉了。

胡先生： 她回老家了，我专门领着孩子追到老家，给她道歉。

解说： 依照胡先生所说，孩子已经向小秀承认了错误，为了缓和母子关系，胡先生自己也做出了努力。

调解员： 实际上你老公确实做了很多，现在的问题是做的到位了没有？做到你心里了没有？做到你满意了没有？

胡先生： 孩子住到这儿一个月，你给他说的话超过十句没有？

解说： 胡先生说，为了儿子上学方便，他就让儿子住到了这个家里，虽然小秀对他的生活很关心，但平时却很少与孩子沟通。所以，发生这样的情况，不能说小秀没有责任。

调解员： 孩子写这个信确实伤人，但是话说回来，他为啥能写这样一封信呢？我是这样认为的，你在接受他的孩子的时候，就应该考虑到有今天。即便是一直由你来养大他，将来你与他父亲发生争执时，孩子仍然会有一定的倾向性，因为他知道你不是亲娘，那是亲爹。

解说： 调解员的一番话，让小秀与胡先生都有所醒悟，都愿意在孩子的问题上好好想想。俗话说："宁折十座庙，不破一桩婚。"调解员此时也觉察到，虽然两人已经离婚，但是胡先生的所作所为都是为了小秀，而小秀又是离婚不离家，那胡先生当初为什么要答应离婚？这两年来就没有提过复婚的问题吗？

胡先生： 她说我要不离就不能上班。

调解员： 所以你就妥协了。

小秀： 你觉得我和你离婚是我真正的目的？我就是想引起你的重视，我一个人带着孩子还上着班，上有老，下有小，我怎么坚持？我精神上承受不了这种压力了，我希望能得到你的宽慰，你的理解，你回来和我沟通过吗？

解说： 小秀的一句话道出了当初选择与胡先生离婚的真正原因，只是为了让胡先生重视自己，现在胡先生是否能够挽回小秀、让她回心转意呢？

第1章　剪不断理还乱的夫妻情

小秀：两年半了，你啥时候给我提过咱俩复婚？

胡先生：我说过没有？

小秀：你说你说过没有？你说了得有点诚意，得让我觉得有安全感。

调解员：你们俩现在过得再好，充其量在法律意义上就是一个同居关系，给人的感觉不完整。当然你要说有感情，没有结婚证仍然可以维系，那如果要是这样的话，你们为啥不去办理结婚证？

胡先生：我给她说过要去办。

解说：看得出来，胡先生也是希望复婚，可是小秀也许是受到了一次次的打击，坚决地要离开这个家。调解员耐心劝解，希望能够解开小秀的心结。

调解员：我建议你不要傻，不要离开。

小秀：我不同意，我放弃。

调解员：你们这样的情况，你老公能做到这一步，我觉得已经够可以了。你老公也不是不能过的人，我已经看到了，他身上有他的优点。只不过现在，妞，你是心理上觉得已经受伤了。谁家的锅碗瓢盆没有交响曲？谁家过得没有一点磕磕绊绊？你为啥不往阳光的地方去走呢？你非得回味那些给自己制造障碍的东西。

小秀：我把你们叫来就是铁了心不过了。

调解员：你不过了，你以后准备咋办？你咋生活？你住哪儿？

胡先生：我给她说了，我说以后怎么都行，我跟你过。

解说：胡先生的态度很明确，可是又担心小秀不同意，调解员就建议胡先生跟小秀好好交流一下。

胡先生：以前我不对的地方，我以后改。

小秀：别说了，我不想抑郁而死。

胡先生：以后尽量什么事都不让你生气。

解说：看到小秀已经平静下来，调解员再次开导小秀，能够放下心里沉重的包袱，重新接受胡先生，给他一次改变的机会。

调解员：妞，以后你不要让老公猜心事，你们是两口子，你有啥话不能说呢？你该闹还可以闹，该说的可以说。一个好女人就是一所好学校，一个好女人可以培养出来一个好男人，一个坏女人也可以毁掉一个男人。我都不知道当初你因为啥会提出来离婚，你老公又不明不白地跟着你去离婚了。

叩开幸福之门

解说：小秀沉默着低头不语，最终调解双方都表示，给对方一个月的时间，好好冷静一下，重新审视一下这段感情。

记者　张春阳

点评

小秀渴望爱情幸福。

可惜她做了后妈，爱情就不那么简单了，很多敏感的事情掺和进来，就会经常出现无事生非的矛盾。

同样，既然做了后妈，就要接受现实，要认可命运的安排，不能心里知道应该宽容，行动上却又不平衡，结果大家的期望值全部落空，这是很多人会犯的毛病。

最后，因为孩子几句话而赌气离婚，又不愿离开家，小秀真是太幼稚，叫人哭笑不得。如果舍不得，不到离婚的程度，为什么要拆散一个家呢？如果下决心离了婚，为什么又要搅和在一起，简单问题复杂化呢？

这就好比说，明明想让老公抱一下，口里却非要说"千刀杀的给我滚远点"，碰上个糊涂的男人，他真的滚了，女人傻眼了。

百姓评论员　许蔚虹

小秀和胡先生结婚后，以小秀名义买的三室一厅的房屋系夫妻双方共同财产。小秀和胡先生离婚时可协商对该房产进行分割。如协商不成，可向法院提起离婚诉讼时要求分割夫妻共同财产，人民法院会根据财产的具体情况，

第1章 剪不断理还乱的夫妻情

按照《中华人民共和国婚姻法》第三十九条所确定的照顾子女和女方权益的原则判决。离婚时,如果一方隐藏、转移、变卖、毁损夫妻共同财产,或伪造债务企图侵占另一方财产的,分割夫妻共同财产时,对隐藏、转移、变卖、毁损夫妻共同财产或伪造债务的一方,根据《中华人民共和国婚姻法》第四十七条之规定,可以少分或不分。

关于离婚后子女抚养问题,最高人民法院《关于人民法院审理离婚案件处理子女抚养问题的若干具体意见》第3条第(4)项规定,对两周岁以上未成年的子女,父方和母方均要求随其生活,一方有下列情形之一的,可予优先考虑:子女随其生活,对子女成长有利,而另一方患有久治不愈的传染性疾病或其他严重疾病,或者有其他不利于子女身心健康的情形,不宜与子女共同生活的。《中华人民共和国婚姻法》第三十七条规定,离婚后,一方抚养的子女,另一方应负担必要的生活费和教育费的一部或全部,负担费用的多少和期限的长短,由双方协议;协议不成时,由人民法院判决。最高人民法院《关于人民法院审理离婚案件处理子女抚养问题的若干具体意见》第7条规定,子女抚育费的数额,可根据子女的实际需要、父母双方的负担能力和当地的实际生活水平确定。有固定收入的,抚育费一般可按其月总收入的百分之二十至三十的比例给付。无固定收入的,抚育费的数额可依据当年总收入或同行业平均收入,参照上述比例确定。有特殊情况的,可适当提高或降低上述比例。如果小秀和胡先生离婚,女儿由小秀抚养,胡先生应支付女儿的抚养费,如就抚养费数额不能协商一致,小秀也可向法院起诉要求胡先生支付抚养费。小秀如能够证明胡先生固定收入,法院可判决按其月总收入的百分之二十至三十的比例给付抚育费直至女儿十八周岁。如小秀无法证明胡先生有固定月收入,法院则会依据当年总收入或同行业平均收入,参照上述百分之二十至三十的比例确定或根据子女的实际需要、父母双方的负担能力和当地的实际生活水平确定。

河南方邦律师事务所 张帆律师

◎ 拿什么拯救你 我的爱人

儿子打了父亲，围观的村民们竟直言"该打！"。在情人家居住，情人盼着赶快与他了断关系。只有原配还愿意让他回家，他竟坚决不回并扬言离婚。这到底是一个什么样的父亲？又是一个什么样的丈夫？

王女士：俺老公和别人过了。

调解员：他找的那个女人有家庭没有？

王女士：她老公死了。

调解员：他这样有多长时间了？

王女士：两年了。

调解员：你丈夫经常不在家住？

王女士：对。

调解员：和那个女人公开一起住了？

王女士：嗯。

解说：王女士听丈夫的工友说，她丈夫早就与邻村的一个女人同居了，那女人的丈夫去世了，她自己带着一儿一女。这个消息对王女士来说简直是晴天霹雳，她不敢相信这是真的，于是她就跑到那个女人的家中去找丈夫，没想到她的丈夫和那个女人竟把她痛打了一顿。

调解员：刚才你妈对我讲的这些情况，你知道吗？

大儿子：知道。

调解员：你想让你爸回这个家吗？

大儿子：尽量回家吧。

解说：据王女士说，丈夫这两年从来都不顾家里的两个儿子，不仅如

第1章 剪不断理还乱的夫妻情

此,他还在外面养别人的一儿一女。邻居们都曾劝过他,可他什么都听不进去,仍然一意孤行。为了了解事情的真相,调解员决定随同王女士一同到那个女人的家里,找她的丈夫。真是巧合,他们还没进那个女人的村庄,就在村口见到了王女士的丈夫骑着电动车带着那个女人出来了。眼前这个身着黑色大衣的男人正是王女士的丈夫老赵,旁边那位身着深绿色棉袄、短发的女人就是老赵所找的情人张敏。

调解员:跟她在一块儿住都两年了?

老赵:谁说的?

调解员:你老婆说的,实话实说。

王女士:都和她过了,都在她家了。

调解员:你妈妈说得对不对?这个女人是谁?

大儿子:第三者。

小儿子:这个女人是第三者。

解说:面对妻子和儿子的指责,老赵一副事不关己的态度,而面对调解员的质问,老赵也轻描淡写地一笔带过。

调解员:你有儿子、老婆,我也不相信你们两个有关系,但是你的老婆、儿子都这样说,我也不想冤枉好人,到底有没有?有就有,没有就没有。

老赵:你听她胡说?

王女士:我自己扇我自己的脸。

调解员:你扇自己的脸干啥呢?

王女士:都怪我,以前我挣的钱都给他了,现在他不给我,给孩子说的媒都拉倒了。你要脸不要脸啊,老赵?

调解员:你儿子的媒为啥拉倒?

王女士:因为他找了个第三者。

调解员:对方一听说他爸爸有这种行为,就和他拉到了?

小儿子:嗯,我们俩定亲了,后来又退了。

解说:老赵的行为已经严重影响到儿子的婚姻大事,然而老赵却仍然不承认自己出轨的事实。

调解员:如果事实清楚,你至少犯重婚罪。

老赵:我知道。

王女士:扇他、打他!

调解员：儿子听话，不能打。他有错，但他是父亲，你们得尊敬他。

大儿子：打他我也敢。

解说：王女士的儿子说，刚开始他们得知真相的时候，还以为父亲是一时晕了头，为了挽救这个家，他们曾好几次把父亲从第三者的家中带回来。可是没过几天他们的父亲就想方设法逃走了。

老赵：我回家几次她都不让我进家。

王女士：怎么没让你进家？进到家就走，你跳墙走的，有这事没有？

老赵：没有。

调解员：有没有，儿子？

儿子：有。

调解员：有没有，老赵？三个人一个战线，你一个人孤立了，为啥啊？你做对了没有？你怎么那么傻呢？你这个年龄往下坡路走的呀？

王女士：没钱我给你送去，没吃饭我给你送去，怎么对你不好啊？儿媳妇做好饭端到你手里，怕你冷，还给你买了袄。

调解员：在你儿子、媳妇面前，你的威信扫地。

解说：王女士说，她本想着是自己对丈夫体贴关心不够，老赵才会在打工的时候出了轨。于是在儿子把丈夫接回来的时候，她就尽可能地对丈夫好，以此来挽回丈夫的心。可无论她多么地用心呵护，儿子儿媳多么地懂事孝顺，依然留不住丈夫出走的脚步，那老赵究竟是着了什么魔，为什么放着这么温暖的家不住，偏偏要去找第三者呢？

老赵：她领着两个孩子打了我五次，所以我不和她过。

调解员：为啥打你？

老赵：让她说。

调解员：儿子去打了他五次？

王女士：没有五次。

调解员：打了几次？

王女士：就两次。

调解员：老赵，我觉得你现在是执迷不悟。

王女士：你就毁在第三者手里了。

老赵：你干啥呢？

大儿子：我摔死你。

第 1 章 剪不断理还乱的夫妻情

调解员：傻儿子，你怎么能这样对你爸爸说话呢？

解说：对于父亲这种敢做不敢当的行为，儿子无法压住内心的怒火。幸亏调解员及时制止，才避免了父子矛盾激化。

王女士：他对我说只要让他两边都能过，他就要我，就不和我离婚。我跟孩子商量，我说不行让他两边过。

调解员：两边过，跟那个女人过也跟你过？

王女士：对。

调解员：中国是一夫一妻制，这跟皇上一样搞三宫六院，能行吗？这是犯法的。

王女士：我不同意。

调解员：肯定不能同意，做人得有尊严啊。

解说：老赵居然向妻子提出这么荒唐的要求，他究竟把妻子摆在什么位置啊？然而即便是王女士把这一桩桩的事情都清晰地列出来，老赵依旧不承认。无奈调解员只好找张敏了解情况。

调解员：他有老婆、有孩子，你知道不知道这些情况？

张敏：我知道。

调解员：知道，你有没有对老赵说"你有老婆、有孩子，你离过婚再来找我"？

张敏：我曾经劝过他。

解说：张敏承认他跟老赵住在一起的事实，但是张敏告诉我们，她并不想这样的事情发生，是老赵一而再、再而三地纠缠她。

张敏：上次撵他走，他还向我要钱呢。

调解员：他向你要啥钱？

张敏：我让他走呢，不让他在这儿住了。

调解员：你给他了吗？

张敏：给他了。后来他不愿意反悔了，他不让我去打工，又找到俺孩儿，最后他在我们家抹屎，又在俺娘家抹屎，还把俺的电线剪了。

调解员：他所做这一切是为了什么？因为你拒绝他了？

张敏：嗯。

调解员：两个儿子都听着，别冤枉阿姨。

张敏：我不让他在这儿过，他就威胁我说俺一家三口都得死到他手里，谁都别想过好。

调解员：你害怕他的威胁，所以他又去你家，你就接纳他了，是不是？

张敏：嗯。

解说：张敏说自从她拒绝老赵，她和她的家人就不断地受到老赵的威胁，致使她无法正常生活，她也是被逼无奈才跟老赵住在一起的。

调解员：这就是你的过错了，你一个人搅得两个家庭都不安宁。人家两个孩子还未成年呢，你让人家孩子受了多大的伤害，你知道不知道？做人最起码不能挑战道德和法律，你在这儿就是挑战极限了。

张敏：为了不和他过，我把他的衣服都拿出来扔了。

调解员：你们俩现在充其量是一个非法同居的关系，你愿意不愿意退出？

张敏：我愿意退出。

调解员：你们在一块儿这么多年来，对这位大姐造成了一定的心理伤害，该不该对大姐说声对不起，该不该小敏？

老赵：你说这话是啥意思？谁对谁造成伤害了？

调解员：她呀，你有家有老婆有孩子，你们两个有这种关系，你有过错不用说，她有没有过错？大家说我说的对不对？

村民甲：对。

调解员：大家说第三者该不该给大姐道歉？应该不应该？

村民乙：应该。

老赵：你怎么知道俺俩没有爱情？你怎么知道俺俩不是互相喜欢？

张敏：我不喜欢你，对不起。

调解员：以后咋办，你离开不离开？

张敏：我绝对离开，他只要不再找我。他再找我，我就得……

调解员：你打110，告他私闯民宅，然后让警察把他带走，你记住没有？

张敏：记住了。

调解员：你这次是下定了决心，是不是？

张敏：嗯。

调解员：那行，你给大姐说声对不起，你就走人。

张敏：对不起。

调解员：行，你走吧，没你事了。

第1章 剪不断理还乱的夫妻情

调解员：你说现在咋办？

王女士：我不离，我让他回家。

调解员：你准备怎么办？

老赵：离婚。

调解员：你一意孤行地一直往前走，最终家庭的亲情没有了，父子情没有了，夫妻情没有了。

老赵：怎么没有啊？

调解员：你还指望人家的两个孩子？自己的亲生儿子都指望不上，你能指望人家孩子将来给你养老送终吗？

老赵：到时候谁养老送终都无所谓。

调解员：回头是岸啊，老婆又接纳你，儿子也接纳你，多好，对不对？你非要一意孤行地往前走，我跟你说天上不会掉馅饼，你记住。

王女士：他死都不回去。

调解员：你妈妈坚持要过，你爸爸不愿意。你们什么态度，你们俩说说。

大儿子：他要不过就断绝父子关系。

调解员：你是啥态度？儿子，只管说。

小儿子：我听俺妈的。

王女士：只要他回家，俺还要他。

调解员：老赵，现在你真的别无选择了，拉着老婆的手回家吧，行不行？不回你真的众叛亲离，两个儿子不认你，那我真的没办法。你这样坐着，谁也帮不了你。

老赵：我跟你说了，我不会再和你说话了。

调解员：你可以不和我说话，你和你儿子说话，行不行？你别糊涂了，张敏都能清醒，你清醒不了，何必呢？人真的是要面子、要尊严的，你为了她，家不要、孩子不要、老婆不要，值不值？你想清楚，然后你再往前走，行不行？你的路你自己走，如果你真的一意孤行，我们谁都没有办法。

解说：如今，老赵走到了这个地步，大儿子已经不愿意承认他这个父亲了，他的妻子却依然为他敞开着大门，想给他一次回头的机会。但老赵的选择令在场所有人都再次失望了。

老赵：我就是不回家，我死都不会进家门。

调解员：劝劝他，大哥，你劝劝他。

村民甲：回家吧，你。

老赵：不回。

村民甲：还是回家吧。

老赵：别劝了，俺不回。

村民甲：谁的话他都听不进去。

解说：老赵的执拗让村民们对他嗤之以鼻，大家早就对他失去了信心，然而调解员仍然没有放弃努力。

老赵：郝老师，我就是死了也不会和她过。

大儿子：那你去死吧！

调解员：别这样说，儿子，你得尊敬他。

大儿子：这样的爹不值得我尊敬。

调解员：你做到仁至义尽。

大儿子：不敢。

调解员：儿子松开，儿子可不敢，毕竟是你的父亲呀，儿子。

大儿子：有这样的爹吗？

调解员：咱帮助他，他出问题了。

解说：儿子实在是无法忍受心中的怒火，动手打了父亲。然而站在一旁的村民们却没有一个人上来拉架。

村民甲：打他也不亏。

村民乙：该打。

调解员：你听听别人怎么说的？

老赵：问题解决好了吗？

调解员：你还离婚不离？

王女士：如果离婚，那他得出钱。

调解员：为了儿子盖房子结婚。

王女士：他得赚钱。

老赵：他结婚管我啥事？

调解员：你怎么这样说呢？你是孩子他爹呀！你怎么这么傻呢，小儿子还没结婚呢，老赵？

老赵：我还得养活我自己呢。

第1章 剪不断理还乱的夫妻情

调解员：你太自私了，你当父亲的责任尽到了没有？你当丈夫的义务尽到了没有？你到今天还不醒悟？不管怎么说，你把父亲的责任、丈夫的义务尽到，给儿子说个媒结婚，然后你自己养活你自己，她自己养活她自己，行不行，老赵？

老赵：不同意。

调解员：你看你们达不成共识，没办法。

老赵：怎么办？

调解员：没办法，上法院吧。

老赵：行。

调解员：不能再打爸爸了，听见没有？耐心地帮助他，门随时为他开着。他哪一天想清楚回来了，咱接纳他。

解说：老赵的我行我素让调解员实在无能为力，两个人达不成共识，最后只好通过法律解决。事到如今老赵依然不能清醒，妻子的一番苦心在他那里早已经一文不值。他的肆意妄为、他的不负责任致使他现在都没有意识到自己已经身处险境。醒醒吧，老赵！看看这个世界，谁才是你该真正珍惜的人，什么责任才是你必须肩负起来的。想明白了就赶紧回头，不要等白了头才追悔莫及呀。

记者　朱　颖

点评

老赵不肯回头，也许是时机不到，也许是鬼迷心窍，也许是面子所碍，也许是情绪赌气……处理他们夫妻这样的问题要有耐心，给出一段时间进行冷处理。

感觉家庭生活不满意，很多人都遇到过，但是真正摧毁婚姻的还是有了第三者。有了下家，老赵就等于有了新的落脚点。不过目前第三者已经冷下来了，也愿意退出，相信老赵也会慢慢清醒，做出一个合适的选择。

希望王女士和她的儿子尽快冷静下来。动手打父亲，这是犯上作乱，子不教父之过，父母都有责任。再说，这种感情上的变化也不是拳头能够解决的，更何况是父母的感情，儿女就不该参与。

两口子出了问题，不要扩大化。人人皆知时，就不好回头了，更何况连子女都对他不齿，于是他一句"我就这样了，你怎么着吧"，就失去了挽回的余地。

百姓评论员　许蔚虹

老赵的行为从法律上讲已经构成重婚罪。《中华人民共和国刑法》第二百五十八条规定：有配偶而重婚的，或者明知他人有配偶而与之结婚的，处二年以下有期徒刑或者拘役。本案中老赵自己有配偶，又和别人以夫妻名义同居，构成重婚罪。但重婚罪属于自诉案件，本案中老赵的妻子是受害人，老赵是否被追究刑事责任，在于老赵的妻子。因此，老赵如果不想和他老婆过了，必须办理离婚手续，否则，老赵的行为已经构成犯罪，同时也受到道德的谴责，结果会搞得众叛亲离。

河南方邦律师事务所　张羽律师

第2章
甜美又苦涩的爱情

◎ 我拿亲情赌爱情
◎ 一条短信引发的危机
◎ 被前妻插足的恋情
◎ 甩不掉的第三者

The Mediation For People

A Program to Knock on the Door of Happiness

第 2 章　甜美又苦涩的爱情

◎ 我拿亲情赌爱情

为了爱情，她曾经以死相逼。为了腹中的生命，她拿亲情作为赌注。面对亲情和爱情的两难选择，究竟该何去何从呢？

调解员：今天需要我们什么样的帮助？

叶子：我怀孕了，年前的时候已经怀过，父母让我做了人流，这次我不想再做人流了。说句不好听的话，不管他们认不认我，我都要把这个孩子生下来。

解说：叶子告诉百姓调解员，她现在怀孕两个多月了。之前因为已经做过一次人流，再加上她的体质本来就不好，所以现在她的身体状况不允许她再次做人流手术。可让人无奈的是，叶子的父母并不同意她和男友阿亮的婚事。

调解员：今年多大了？

叶子：我24了，今年大三，大四就实习找工作了。

调解员：他年龄多大了？

叶子：有31了吧。

调解员：他有过婚史吗？

叶子：有过一次，但是我们家不太忌讳这个。

解说：叶子是一名大三学生，在2011年7月她认识了现在的男友阿亮。经过一段时间的了解之后，两人确定了恋爱关系。因为是自己努力争取来的爱情，所以叶子对于这段感情非常珍惜。虽然现在她还是大三的学生，但是法律允许大学生结婚，所以她希望这段感情可以开花结果。

调解员： 你有没有考虑，你现在的身份毕竟是个学生，你怀孕十个月后生孩子，那么你将来返校领毕业证、办毕业手续怎么办？

叶子： 大四我们都要实习了，这不影响。

调解员： 六月份返校领毕业证，也不影响？

叶子： 嗯。

解说： 虽然说爱情是两个人的事，可是结婚却是两个家庭的事情。叶子告诉百姓调解员，开始父母同意自己的婚事，但是后来却有了一百八十度的转变。

叶子： 刚开始的时候说同意我们俩交往，后来我跟我爸说怀孕了，然后他们去打听阿亮的家事，回来就让我做了人流。

调解员： 有啥事啊？

叶子： 就说他们家的"门事"不太清楚。

解说： 叶子说的"门事"不清楚，指的是男友阿亮家里有一个远房亲戚可能有狐臭，叶子告诉百姓调解员，在（他们老家）济源，狐臭是一个非常敏感的词汇。如果谁有狐臭，那么这个人在济源是找不到结婚对象的。他的亲戚也会因为这个问题受到牵连。

调解员： 你见过他的父母了没有？

叶子： 见过。

调解员： 父母也接纳你？

叶子： 接纳，但对我爸妈是挺怕的。

解说： 因为父母的原因，自己就要止步于幸福之外，叶子感到非常伤心和绝望。为此，她曾有过轻生的念头。

叶子： 那会儿天特别冷，要么就是卧轨，要么就是割脉。我当时真的对自己没一点希望了，因为我爸妈看得很严，都不让我出去，我真的很绝望。假如说铁路工作人员没发现的话，我现在应该都不在世了。

调解员： 你根本都不懂得生命的意义是什么，你难道仅仅是为自己活着吗？你才二十多岁啊，你的父亲、母亲生你养你不容易啊！你就只想着你自己，为了你自己所谓的幸福，你在这儿抗争，不行了你就以死来威胁他们。你想过你的父母没有，傻妞？你如果真的死了，可以说是你爸妈、奶奶、你弟弟妹妹一生的痛。

第 2 章　甜美又苦涩的爱情

解说：叶子告诉百姓调解员，父母现在正在阿亮家里商量这件事，于是百姓调解员在叶子的引领下来到了阿亮的家里。

调解员：她父母在这儿呢，是不是？

阿亮：嗯。

调解员：让我进去和他们沟通一下吧？

阿亮：可以。

调解员：你姑娘打了热线，让我们过来。

叶子父亲：我们已经脱离父女关系了。

叶子母亲：这是我们家的事，我们协商了再说。

解说：还没等百姓调解员多说话，叶子的父亲就说要断绝父女关系，难道仅仅是因为对方的亲戚有狐臭，已经怀孕的叶子就要和相爱的男友分离吗？

叶子父亲：我说两个选择，第一，就是她和我断绝父女关系。第二，就是和他（阿亮）断了就行了，就这么简单。

解说：叶子父亲短短的两句话就表明他对于叶子这段恋情的看法。百姓调解员决定先将叶子父亲的态度告知叶子，看看她的想法。

叶子：我要跟我爸断的话，他会不会不再干涉我以后的事？

调解员：爱情和亲情你真的舍亲情？众叛亲离，然后选择对象，小妞，你真的糊涂了，一定要慎重考虑。一边是你至亲至爱的人，一边是你的男朋友，我不希望为此你爸跟你断绝关系，或者你跟他断绝关系。我觉得你这样的做法有一点不理性，（转向阿亮）你作为一个男性，理性一点，劝劝这个姑娘。

解说：叶子的态度也让百姓调解员感到吃惊，她竟然有为了爱情而放弃亲情的念头。经过百姓调解员耐心的劝导和沟通，叶子和男友阿亮再次来到屋内，希望用真诚的态度求得叶子父母的同意。

叶子：你们看着办吧，我是不准备做（人流）了，你要是不认我的话……

叶子父亲：我说的话你都不听，你就不是个人，你简直不是个人。

调解员：大哥！

叶子父亲：你就不是个人！

解说：原来叶子的家人并不知道叶子再次怀孕的事情，他们这次过来只是希望两人断绝关系。如今听说女儿再次怀孕，叶子的父亲终于爆发了。

叶子：爸爸……

调解员：大哥，你冷静一下，听我的，给我点面子好吧？

解说：一边是叶子的妹妹拼命地拉住叶子，一边是叶子拼了命地护着阿亮。事后回想起这一幕，百姓调解员能够理解叶子父亲生气的原因，同时也感慨叶子对于阿亮的深情。经过叶子的妹妹和百姓调解员以及栏目司机的共同努力，十分钟之后叶子的父亲终于冷静了下来。

调解员：咱理性地来处理这个问题，我想生米已经做成熟饭了，咱能不能将错就错？其实我是说你作为父亲，你的任务已经完成了，她的路在她自己脚下，让她走，咱放手就行了。

叶子父亲：今天下午咱去民事调解委员会，打一份协议书，咱俩脱离父女关系。我养你的费用不说多，一年一万，给我拿出来，父女关系结束。

调解员：多少钱啊？

叶子父亲：一年一万，24年。你也不要认家里任何一个人，咱们互不干涉，以后一直到死都是你过你的日子，我过我的日子。

解说：叶子的父亲要断绝父女关系的想法丝毫没有改变，那么他这样做到底是忌讳阿亮家有亲戚患有狐臭，还是生气叶子未婚先孕呢？

叶子父亲：你知道，我们济源门风的问题是相当严肃的。

调解员：咱把她养大了，你的任务尽到了，该放手的时候就要放手，随她去吧，别说那么绝情的话，我觉得这只能伤情，你还能得到什么？

叶子父亲：我把姑娘养这么大了，（家里亲戚朋友们）都知道她在外面上学呢，现在忽然未婚先孕，我如果拿到了这个调解书，把调解书让他们看看，我把姑娘养这么大了，我只当养个猪，我还卖24万。不管我是哭还是笑，不管我有多难受，我总算有个结局吧。

解说：叶子父亲的话语当中透露着无奈，他趁大家不注意的时候偷偷地擦去了眼角的泪水。他想借用一份断绝父女关系的协议，给亲戚朋友们一个交代。可是，难道只能是因为一个古老的门风习俗就要将24年的亲情舍弃吗？

调解员：现在社会开放了，而且这真的是一个风俗的问题。

叶子父亲：不要提这事了。

第 2 章　甜美又苦涩的爱情

调解员：只要人品好，重人品，比什么都强。

叶子父亲：何老师，我已经把24万放弃了，她跟我一起去脱离父女关系，按法律程序走。

调解员：如果不脱离呢？

叶子父亲：那就跟我走。

调解员：大姐你的观点是什么？

叶子母亲：我也是一样。

调解员：刚才我给你讲了，女方的父母是这种态度。你是啥态度，你给我说说。

阿亮：放我们一条活路就行了，她的父母受了这么大的刺激，接受起来可能需要一个过程。

调解员：你有耐心等她父母接受你们？

阿亮：我们俩会坚定地走下去。

叶子：刚才不是说要写什么协议吗？

调解员：我们不能给你写这个协议。我觉得你也成人了，24岁了，也不是3岁的孩子，并且也即将做母亲了，换位思考一下，你的女儿若是和你脱离关系，你是什么感受？会不会很伤心？所以这个话咱不能说，老人可以说，晚辈不能说。但是同时你要有足够的耐心，说服你的父母，不能让他们伤心。

解说：经过百姓调解员劝说之后，叶子终于同意不再着急跟父母断绝关系。十天之后会做出一个理智的决定。随后，叶子和阿亮再次来到屋里，将这一决定告知叶子的父母。

调解员：姑娘就按我说的话，你给爸妈表一下态，有一个交代，好不好？

叶子：对不起。

叶子父亲：让她起来。

调解员：行了，跪下来，跪下说也行。

阿亮：我至少是负主要责任。

叶子：十天以后，这个孩子是去是留我再做决定，不过你们做好心理准备。

叶子父亲：我们都准备好了，今天来都准备好了。但是我告诉你，他不仅离过婚，而且现在也正谈有对象。你是破坏他的婚姻，是你要为他怀孕，还是他强迫你怀孕？这个问题你都可以考虑，我也不说了。

解说：叶子的父亲说，阿亮现在接触的有对象，这句话又是从何而来呢？难道阿亮现在不止叶子这一个女友吗。

阿亮母亲：我儿子有对象，已经订婚，给了两万块钱了。

调解员：给谁两万块钱？

阿亮母亲：那个姑娘天天在这儿吃饭，今天中午我没有让她来，我就害怕你们来。

调解员：那你这样做是错误的，大姐。

解说：阿亮的母亲告诉百姓调解员，阿亮现在的确还有一个正在接触的对象，那个女孩每天中午也会来家里吃饭。这个情况叶子也很清楚。

调解员：这个女孩天天来你家吃饭，你知道不知道？

叶子：他应该不知道这事，都是他妈给我打电话说的，他也不知道。

调解员：你这么年轻你干什么呢？他有对象，你为什么还要插足这一杠子呢？你找自己真正的幸福不好吗？你真是自己作践自己。（转向阿亮）现在我最后再问你一遍，你跟那个女孩……

阿亮：我们什么都没有。

调解员：我要求你给那个女孩打电话，当着我们的面，我们做个见证，你同意不同意？

叶子母亲：给她打一下电话就明白了。

阿亮：（打电话）我认真考虑了一下，我觉得咱俩还是不合适，因为平时的沟通太少了。我这边还……我觉得我以前的事还是摆脱不了。

女孩：你已经想好了？

阿亮：嗯。

解说：对于阿亮另外一个女友的存在，百姓调解员一时不知道该佩服叶子的宽容，还是同情叶子的无知。不过，令人庆幸的是，阿亮自始至终都是选择叶子。

调解员：站起来吧，小妞，你也听明白了，阿姨这一次也给你弄清楚了，这个人完完全全属于你了，知道吧？（转向阿亮）好好地善待她。

阿亮：我知道。

第 2 章　甜美又苦涩的爱情

调解员：正儿八经好好地谈，行吗？接受这次教训，好好地关心她，婚前不该做的事情一定不要再做了，行不行？慎重考虑清楚，告诉你的爸爸妈妈，然后不管什么样的结果，都要正确地接受，行不行？

叶子：嗯。

解说：十天做一道亲情和爱情的单选题其实并不是太容易，叶子内心是矛盾的，左手亲情右手爱情，放弃任何一只手都会留下难以磨灭的伤痛。可是事到如今，我们又能去怪谁呢？用亲情给爱情下赌注，风险太大，这个赌局太难太难！

记者　孙君毅

点　评

年轻人很容易感情冲动，爱情至上。虽然大学生可以结婚，可是你该动脑子的时候动了感情，将来一定会后悔。

二十多岁的人为了爱情不顾一切，学业、亲情、健康、未来，统统不放在人生计划里，眼中只容得下一个男朋友。但凡稍有人生阅历的人，都明白这世上只有父母的爱是无条件的，辛苦养育你的人比任何人都更希望你幸福美满，父母的反对自然有他们的道理，尽管这个年龄段的你未必认同。

想用奉子结婚给不同意婚事的家长施加压力？年轻的孩子们，你们还太嫩。很快你们就将用自己的焦头烂额给出证明：反对你们结合的家长是多么英明正确。

不过断绝亲子关系，在法律上和现实中都是难以实现的，这都是赌气的说法。两代人有冲突，要理智面对，冷静处理。

百姓评论员　许蔚虹

法律解析

《中华人民共和国婚姻法》第三条规定："禁止包办、买卖婚姻和其他干涉婚姻自由的行为。"本案反映缔结婚姻的法律性与现实生活复杂性之间存在的冲突，也给我们解决婚姻缔结中出现的类似问题提供了示范。《中华人民共和国婚姻法》第五条也明确规定："结婚必须男女双方完全自愿，不许任何一方对他方加以强迫或任何第三者加以干涉。"从法理上讲，叶子与阿亮之间自愿缔结婚姻无可厚非，是完全合法的，叶子的父母不应予以粗暴干涉。但是我们从事的法律行为，也要考虑社会现实环境。

1. 婚姻不仅仅是两个人的事情，还应考虑到双方家庭的因素，尤其是双方父母的认同对未来美满和谐的家庭生活显得非常重要。年轻人自由恋爱结婚，当出现本案中一方或者双方的父母反对时，要尽力克制情绪，想方设法做通父母的思想工作，而不能走极端使得矛盾激化。

2. 作为父母，要尊重子女对婚姻的选择，对自身幸福的追求，而不能把自己的意见强加给年轻人，动不动以断绝关系相威胁，甚至一些父母以死相逼，更不可取，只能是雪上加霜，于事无补。断了形式上的亲情又岂能断了实质上的血缘，血浓于水，子女永远是父母的心头肉，父母切勿一时之气下"绝情"之语。另外，父母还应摒弃一些陈规陋习，如本案中所谓的"狐臭"，对年轻人应多一点理解与宽容。

3. 作为年轻人应多体谅父母的感受，父母含辛茹苦把自己养大，要懂得孝顺父母，多听听父母的意见并没有坏处。同时，要学会自尊自爱，尽量避免婚前性行为，并采取相应的安全措施，避免未婚先孕及未婚生子。

河南方邦律师事务所　冯伟伟律师

第 2 章　甜美又苦涩的爱情

◎ 一条短信引发的危机

二十一二岁本是青春最美好的年华，他们却经历了一场不一样的成长。22 岁的欢欢与 21 岁的志远结婚三年，育有一个两岁的儿子。平淡的日子被一条暧昧的短信打破。究竟是一条什么样的短信让两人大打出手呢？这对年轻的夫妻会为了孩子坚持下去吗？

李女士（欢欢母亲）：他们两个打架了。

调解员：跟她老公？

李女士：对，跟她老公两个人打架了。

解说：欢欢说，自己跟丈夫志远是自由恋爱，相识一年之后便步入了婚姻的殿堂。如今已经结婚三年，有一个两岁多的儿子。那么究竟发生了什么事情使得欢欢的丈夫志远下此狠手呢？

欢欢：这次打架是因为俺表弟回来了，我们俩正发短信呢，他把手机从我手中夺过去了。

解说：仅仅是因为一条短信就要对妻子下此狠手？那么究竟是一条什么样的短信使得欢欢的丈夫志远如此大动干戈呢？

调解员：你发的信息有啥内容啊？

欢欢：我都不知道发的是什么，俺俩发短信聊天呢，才发了两句。

调解员：你自己发的啥你都不清楚？

欢欢：刚开始发呢，还没发出去呢。俺老公看见我在这儿发短信，就把手机抢过去了。抢过去之后，他在那儿胡发呢，也不让我看手机，我向他要手机他也不给我，随后他就把我从床上踢下来了，我根本就不知道他跟俺表弟发了啥。

解说：欢欢说，她不清楚丈夫跟表弟两人究竟聊了些什么，也不明白为什么丈夫会如此生气。面对丈夫的无尽打骂，自己就跑回了娘家。

李女士：到了晚上，我对她爸说把闺女送回家，有孩子了，还得好好过。结果送回去他们不让进家，她公公婆婆说，希望不大了，俺儿都不要她了。

解说：所谓床头吵架床尾和，夫妻不能有隔夜仇。李女士说，尽管自己的女儿受了委屈，还是连夜将女儿送回了婆家，但是没想到亲家不明事理，不但不指责他们的儿子，反而指责起了儿媳妇。见此情景，自己只好将女儿领回家中，希望找个机会和女婿志远聊聊。可是就在几天之后的一个晚上，女婿竟然上门打了丈母娘。

李女士：当时我已经睡了，一个男孩打电话过来找欢欢，欢欢一接电话，那个男孩就把电话递给志远了，当时志远就开始骂人。他们还过来踢门，一开门志远领着俩人就过来了。

调解员：他给你们打电话的时候，已经到门口了？

李女士：门一开，他们就揪着头发打人，当时我穿着秋裤出来，秋裤都给我打烂了。

调解员：打得还不轻呢！

李女士：打得不轻，腿上也有伤。

解说：小两口不管有什么样的矛盾，都不应该迁怒到长辈。欢欢的丈夫志远真的如此不孝敬长辈吗？

调解员：他的家人是什么态度？

李女士：说俺闺女不好，说俺闺女跟她表弟有事儿。

解说：亲家被打，作为长辈不但不来说和，还再次过来大骂。那么欢欢的母亲所说的又是否属实呢？真的是欢欢的婆婆从中教唆的吗？志远究竟发现了一条什么样的短信呢？这背后又有什么样的隐情呢？带着疑问，调解员决定随同欢欢去见志远。

调解员：谁在家呢？你是志远吗？

志远：嗯。

调解员：这个妞你认识不认识？

第 2 章　甜美又苦涩的爱情

志远：我不认识。

解说：面对调解员的询问，志远开口就说不认识欢欢，现场的气氛变得紧张起来。

调解员：怎么说不认识啊？你现在怎么还在屋睡觉呢？

解说：将近中午了，欢欢的丈夫却还在睡觉，调解员劝志远先穿好衣服。将欢欢母女俩关在门外之后，志远同意和调解员好好聊聊。

调解员：脸上的伤是谁给你打的？

志远：她。

调解员：谁，你媳妇儿？

志远：丈母娘。

调解员：丈母娘为啥打你？

志远：我跟两个朋友一块儿去接俺老婆，刚一开门，她一砖头就把我拍晕了，我住院住了几天。

解说：志远说自己打了妻子之后，心里一直很愧疚，本来是有心去叫妻子回家，没想到岳母一开门就拿砖头砸自己的头。但令我们不解的是，志远既然说是诚心去叫妻子回家，为什么还带上自己的伙伴一起去呢？这样做不是让欢欢的家人误会吗？

调解员：当时去叫老婆，你怎么又找了两个人一起去？

志远：我自己去不知道说啥，让他俩也从中帮帮腔。

调解员：我听她说，好像咱这边是去找她的事儿呢。

志远：我喝点酒壮胆，不然不好意思跟俺老婆说话。

调解员：你要是有这份心，把你的想法表达出来，让他们知道，说啥这个架也不会打起来。

解说：志远说是岳母先动的手，而李女士却说是志远先动的手。不管双方是谁先动的手，结果是双方都受了伤。可是话说回来，这件事情之所以发生都是因为之前志远打了妻子欢欢而引发的。

调解员：你一直说是你媳妇儿对不起你，她在外面有外遇了，你能不能给我举个例子？她怎么对不起你了？她和谁好了？

志远：她和她表弟。她表弟发的短信都是"我给不了你未来"之类的话。

解说："我给不了你未来？"在妻子的手机上看到这样一句暧昧的语言，让他顿时起了疑心。从妻子欢欢手中将手机抢过来，以妻子的名义和欢欢的表弟聊了起来。

调解员：他发了一句什么话刺痛你了？

志远：有"想娶她"、"我爱你"之类的，我没法说这事儿。

调解员：他在短信上就这样说？

志远：嗯。

调解员：你把话套出来之后，然后开始找媳妇儿的事儿，是不是？如果要真是这样的话，那是她咎由自取。

志远：原来他俩就有这事儿。

李女士：那是俺亲姐姐的孩子啊。

解说：说到这里，调解员觉得志远是不是过于敏感了呢？可是志远却说，这件事情只是一个导火索，在此之前自己曾经亲眼看到过妻子跟表弟之间的暧昧关系。

志远：我那天去她家叫她，我看见他们俩坐在床上。

调解员：他俩究竟是在床沿上坐着还是在被窝里坐着呢？

志远：被窝里，坐在被窝里看电视呢。

欢欢：俺妈他们几个在那儿打牌呢，俺表弟还有我，还有俺五姨家的闺女、儿子，俺们几个都在被窝里坐着看电视呢。

调解员：刚才他说就你和你表弟两个人，而且他说手还都在被窝里放着。

欢欢：那不可能，俺姨家闺女可以来作证。

解说：真是公说公有理，婆说婆有理。真实情况到底是什么样呢？此刻我们也无从考证。志远说，更让自己伤心的是，在发现妻子跟表弟之间的暧昧关系以后，他便将自己的疑虑告诉了岳母。可是岳母对这件事情却不当回事。

志远：她说是开玩笑呢，哪有这样跟表姐开玩笑呢？

调解员：你媳妇儿刚才也给我说了很多，但是她没有更多地说到你的不是，她总是感觉到，好像婆媳之间会有一些矛盾，有一些误会。

志远：那她就是坏良心了，她要啥俺妈不给她？"三金"她都给弄丢完了。

第 2 章　甜美又苦涩的爱情

解说：志远说，母亲对妻子如亲生女儿一样，可以说是要什么就给什么，可是妻子却并不满足。

志远：和我同年龄段的人，还有谁开着三轮车出去拉东西啊？我不嫌丢人，我一天也挣几百块钱，就这都不够她花。

欢欢：我花钱从来都没有大手大脚，我知道给他省。有时候给他买一件衣裳四五百，给自己买都是挑便宜的。有时候俺妈可怜我，她就给我买，我都没让他给我买过新衣裳。

调解员：一块儿过了这几年，你感觉到你媳妇儿有没有值得你留恋的地方？

志远：现在一点都没有了。

调解员：原来你俩为啥能持续这几年？你看中她身上的哪一点长处？

志远：我是为孩子过的。

调解员：不错，你年纪轻轻的，都能想到为了孩子继续过。我觉得虽然你人小，但是你的责任心还是比较强的。这一点阿姨对你是给予肯定的。

解说：提起自己两岁多的孩子，志远似乎想到了什么，向里屋奔去。调解员也赶紧跟了上去，看到志远给孩子拿吃的东西，我们有了一丝的欣喜，小两口之间还是有爱的纽带，那就是他们的孩子。调解员希望志远看在孩子的份上，和妻子欢欢继续生活下去。

志远母亲：你们即使再亲，也不是这样的亲法，你是结了婚的人了。去年这个时候她在卫县谈了一个对象。

解说：志远的母亲说，欢欢曾经有过外遇，最后不知道什么原因又回了家。而自己的家人和儿子志远都原谅了欢欢，可欢欢却不懂得感恩。

志远母亲：她的屋子我给她收拾，饭我没让她做过，地里的活没让她管过，挣的钱你们花，孩子我管。我作为婆婆，难道说我没做到位？

调解员：现在已经有这个孙子了，怎么办？

志远母亲：那就让我作难吧，我先作难吧。

调解员：你们如果真想分开，我也支持。关键是还有一个小孩，其他的事我不想再管那么多，你们可以依照法律的规定，该怎么起诉怎么起诉。目前我来给你们协调的，就是孩子。

志远母亲：她出抚养费了可以看孩子，不出抚养费，不能看孩子，就是这，很简单。

调解员：你愿意来看望孩子、探视孩子不愿意？

欢欢：孩子可以给他们，我也想出去生活。

调解员：这可以，你一个月准备给孩子拿多少抚养费？

欢欢：看我以后能挣多少钱了。

调解员：我不说2000块，你一月能挣1500不能？拿出来300块钱给孩子行不行？你一个月可以来看一次。志远如果再婚的话，你来家不方便，可以约到外面看孩子。或者说周末的时候，你有空了，带着孩子去玩玩，这样都行。

解说：最后双方就此达成了协议，协议内容：一、双方均同意解除同居关系。二、孩子归男方，女方每月支付抚养费300元。三、女方一个月探视一次，女方婚前物品归个人所有。虽然双方达成了协议，但是我们的心里却有些许的遗憾，两人三年的感情就此画上了句号。志远21岁，欢欢22岁。当别的孩子还在上学、还在父母怀抱当中撒娇时，他们已经为人父母，经历了一场失败的婚姻。希望他们在今后的生活当中能够吸取教训，走向成熟，慎重地对待今后的人生路。

记者　崔亚栋

点 评

小夫妻闹矛盾，娘家、婆家都参与进来，结果矛盾激化、问题升级，很多家庭都有过这样的冲突。可是像这一家最后闹得妻离子散，大打出手，代价就太大了。

开始只是一条短信，后来变成伤病住院，那么夫妻矛盾扩大化的根源到底是什么呢？

第一，两个年轻人结婚成家的年龄太小，根本没有准备好进入婚姻，自己不懂事没经验，所以父母不放心，就事事插手。

第二，父母对儿女的关心本末倒置，该教育的时候不教育，

第2章 甜美又苦涩的爱情

> 该放手的时候不放手,这是做父母的失败。如果他们在儿女成家之前就指导他们如何处理自己的情绪,指导他们在有冲突的时候,大事化小小事化了,志远就不会拿妻子手机发短信套表弟的话,加深两人的误会和自己的疑心,然后又动手去岳父母家闹事,以至于太伤感情,无法收场。
>
> 这原本是一场可以避免的悲剧,他们却做了最糟糕的处理。
>
> 百姓评论员 许蔚虹

 法律解析

在本案中欢欢22岁,志远21岁,"已婚"3年,并且育有一子,显然是大社会中的"一个小家庭了"。但根据《中华人民共和国婚姻法》第六条的规定:"结婚年龄,男不得早于二十二周岁,女不得早于二十周岁。"据此规定,志远和欢欢的婚姻是无效婚姻,离婚更无从谈起。由于婚姻关系特殊的性质和特点,法定婚龄通常作为评判男女双方是否具有结婚行为能力的一般标志。

国家对法定婚育年龄并没有做硬性的规定,但从有利于未来父母的工作、学习、健康、经济实力、体力、精力等多种因素考虑,女性在23岁以后结婚,24~29岁生育,男子在25岁以后结婚,26~30岁生育对胎儿最有利。

婚姻是男女两性结合的一种社会方式,是作为社会细胞家庭的起点。只有达到一定的年龄才会具备适婚的生理和心理条件,才能在婚后真正担负起对配偶、子女、家庭和社会的责任。

河南方邦律师事务所 杜宏勋律师

叩开幸福之门

◎ 被前妻插足的恋情

她前脚赌气离家，他后脚将前妻接回家中。男人的这种选择，究竟是花心所致，还是另有隐情？

解说： 吴燕说，她跟男友腾凯是在网上相识的，当时男友跟前妻已经离婚三年了，两人相识相恋，并有了个八个月大的女儿。他们一起在郑州打工，卖菜为生，小日子虽然辛苦，但却其乐融融。年前她回汝州老家办事，谁知道男友却做出这种让她痛心的事情。

调解员： 你怎么知道他把前妻接过来了？

吴燕： 我一次无意中给市场上的人打电话，他说："你走了也不吭声，你老公跟前妻复婚了。"

解说： 听到这个消息之后，吴燕除了震惊还是震惊，于是她赶紧从汝州老家跑了回来，暗中监视男友的菜摊。谁知道真的让她看到了她最不愿看到的那一幕。

吴燕： 现在我不想结束这段感情，因为我在他身上付出得真的很多，我是为了他和前任丈夫离的婚。

调解员： 是真感情？

吴燕： 是真感情。我为了他，已经把前一个儿子抛弃了，跟我前夫离婚以后，孩子也没管。现在和他有一个女儿，我不能再不管。

解说： 为了追求所谓的爱情，居然选择背叛家庭，对于吴燕这种不负责任的做法，调解员也很不理解。但事到如今，考虑到两人还有一个八个月大的孩子，调解员决定帮她一把。在吴燕的带领下，我们来到了腾凯做生意的

第 2 章　甜美又苦涩的爱情

地方，郑州市丰产路附近。谁知一见到男友，吴燕就突然冲了上去。

调解员：怎么回事？别打了，快拉住他。

腾凯：我看你是想死了。

调解员：不敢打，小伙子，你要动手了我们就不调解了，我们不是过来看你们吵架的。咱找个地方说说，咱俩单独谈谈，行不行？

腾凯：不单独谈，谁都不用跟我单独谈。

解说：调解员一番劝说之后，双方都稍微平静了一些。但接下来吴燕却还是不停地拉着腾凯厮打。调解员和附近的群众费了九牛二虎之力，总算劝住了气势汹汹的他们。

调解员：你前妻又来了？

腾凯：是啊。

调解员：离婚了她怎么又来了？

腾凯：我们不可以复婚吗？

调解员：那她怎么办？

腾凯：我不知道。

调解员：别说气话，咱好好解决问题。你要是这样走了，怎么解决啊？

腾凯：不用解决。

调解员：你是不是跟你前妻已经复合了？

腾凯：是的。

调解员：办复婚手续了没有？

腾凯：办了。

调解员：什么时候办的？

腾凯：就是过年来了以后。

吴燕：我不相信。

调解员：你为什么不相信？

吴燕：因为他二十九回的老家，初六才来的，中间是春节假期啊，民政局不上班。

调解员：你这边还没有跟她结束呢，这个事儿办得不漂亮，知道吗？为什么这样说呢？她还在这儿呢，你就把你前妻接过来，啥时候接过来的？

腾凯：她那时候给她爸打了电话，就说俺俩过不成。她爸说如果过不成，那就回来吧。

吴燕：俺爸没这样说。

解说：腾凯说，这些话是吴燕走的那一天说的。在他看来，这番话就意味着吴燕要跟自己分手，但吴燕却并不承认。

调解员：我就问这一句话，你到底说没说"我不跟你过了"？

吴燕：没有，我那天晚上一点多走的，何老师，半夜三更一点多，你说我一个女人我能去哪里？他没有挽留我。

解说：说起那天的事情，吴燕就很伤心，当时她跟男友因为一些琐事闹了矛盾，一气之下就离家出走了，她是在跟男友怄气，绝对没有分手的意思。吴燕的话还没有说完，腾凯就突然插起话来。

腾凯：今天跑了，明天跑了，这一年多，你跑多少次？话也不说拿着东西就跑，衣裳都扔了多少了。

调解员：跑了多少次？

腾凯：大概有十几次吧。

调解员：她走的时候告诉你了没有，去几天？去哪了？

腾凯：没有。她动不动就把衣裳扔了，我拽都拽不住，我一拽她就从楼上往下跳。那时候我母亲也在这儿，我母亲拽她，她也从楼上往下跳。

吴燕：他和我吵架，骂人，每次他都先骂我。

调解员：我觉得你们都太极端了，就因为生活琐事。刚才我可看见了，他拿个刀你也拿个刀，假如俩人都死了，孩子怎么办？遇到一点困难，不是说两口子坐下来慢慢协商，而是跳楼死呢。这一年都跑十几次了，怎么过日子呢？

吴燕：他不知道关心人，从来都没有把我放到心上。一床被子买不起吗？何老师，能买起吧？一张床能买起吧？

调解员：那张床原来是他和前妻过的时候用的？

吴燕：对。

吴燕：我躺到那张床上以后，我心里啥感觉？啥滋味？

调解员：那你告诉他了没有？

吴燕：他不说话。我怀孕五个多月，发烧输液了，他蒸馍非得让我去帮忙，我说我实在没劲儿，他就生气，就开始骂。

第 2 章 甜美又苦涩的爱情

调解员：听吴燕刚才说你不关心她，你觉得你做到了没有？

腾凯：她关心我了没有？我衣服脱到那儿十天半月都不给我洗。

调解员：还有什么不关心你的？

腾凯：从来都不做饭，十次有九次都是我自己做饭。

调解员：你也不关心她，她也不关心你，你们双方都不懂得什么叫家庭，什么叫丈夫，什么叫妻子，都不懂这些，所以才导致了今天这样的局面。

解说：事到如今，调解员觉得要想彻底解决吴燕、腾凯以及腾凯前妻这段三角关系，必须让三个人坐到一起谈谈。那么，腾凯的前妻会出现吗？她的出现又会给事情带来怎样的转机呢？

调解员：当初你们已经离婚了，怎么又想起来复婚了？

腾凯前妻：因为他说他过得很不开心，他娶了个老婆，一年跑了十几次，他很痛苦。他挣一点钱，他老婆一生气就带着他的钱跑了，在外面花完了才回来。他说想让我回来，我也是一个人。

调解员：你们这个家混乱就混乱在这儿，拿婚姻当儿戏，没有一个人重视婚姻，忠诚于婚姻。和三岁孩子过家家一样，一会儿过，一会儿不过，都像你们这样，社会不就乱套了，你错就错在这儿，他俩还没有画句号呢你又介入到这里面。

腾凯前妻：什么叫没有完？他俩没有结婚证，她跟他说不要他了，就这么简单。

调解员：孩子问题解决了没有？

腾凯前妻：孩子她想要，他也抱不走。

腾凯：现在就是解决孩子的问题。

调解员：他们两个有共同的孩子，这是一家人，至少是事实婚姻，对不对？

腾凯前妻：如果他俩过得好，我都介入不进来。

调解员：现在我问你，你决定了没有？别再反复，其实也是对他负责，对你自己负责。你要坚定信念了，就实话实说，不坚定了，还左右摇摆呢，你就告诉我，我给你支招，免得大家再受伤害。

腾凯前妻：要看他们俩的问题怎么处理了，处理得好，我会和他好好过；处理不好，那我走，让他们两个过。

解说： 党小云的态度已经很明确了，那就是一切都要看腾凯的选择，那么此时腾凯会做出怎样的表态呢？

调解员： 你说，目前怎么办？

腾凯： 各过各的。

吴燕： 我不同意，我想让孩子有个完整的家。

腾凯： 我不过。

吴燕： 你想没想过孩子的感受，孩子的出生证明上写的是我的名字，到时候孩子问妈妈去哪儿了，你怎么回答她？孩子的心理阴影有多重，你想了没有？

腾凯： 没有，我啥都不会想，没脑子。

调解员： 别赌气，好好说。婚姻是大事，不是儿戏。其实在这场婚姻当中妻子固然有过错，但你也有过错，知道吧？

腾凯： 都有错，我知道我有错。

解说： 看到自己跟调解员的诸多努力都不能让男友回心转意，吴燕也不愿再继续纠缠下去了。

吴燕： 不过了孩子怎么办？孩子给我，我把孩子带走。

腾凯： 不可能。

解说： 关于女儿由谁抚养的问题，吴燕跟腾凯又产生了分歧，这可把调解员为难住了。吴燕说，她之所以一定要抚养孩子，还有另外一个原因。她担心将来党小云会对孩子不好，本着一切为孩子着想的出发点，调解员决定再听听党小云的想法。

调解员： 假如说你丈夫想要这个孩子，你养不养？

腾凯前妻： 看他们俩的事情怎么处理，处理得好，小孩儿我带，处理不好，那再说。

解说： 询问完党小云的意见，调解员又拨通了腾凯父亲的电话，孩子一直都是由两位老人照顾的，他们对此又是什么意见呢？

腾凯父亲： 小孙女我不会给她。

调解员： 你愿意帮儿子带这个孙女，是不是这个意思？

腾凯父亲： 是，从孩子出生我们两口子都一直带着呢。

解说： 截止到目前，调解员了解到，孩子虽然才八个月大，但早已不

第 2 章　甜美又苦涩的爱情

再是母乳喂养。而且男方这边还有两位老人可以帮忙照看孩子，综合各种条件，调解员觉得让孩子跟着男方对成长更有利一些。为了能够赢得女儿的抚养权，腾凯还当着吴燕的面做出了这样的表态。

腾凯：我家的电话永远都不会换，等孩子长大了，你就是不和她联系，我也会让她和你联系的。

解说：或许是腾凯的这番话让吴燕有所触动，她最终同意放弃孩子的抚养权，但要求男友偿还欠她的六千块钱。一番协商之后，双方达成一致意见，孩子归男方抚养，女方不用付抚养费。男方在一年之内，偿还女方六千块钱。

记者　刘彦磊

点 评

其实这不算被前妻插足的恋情，而是吴燕与腾凯自己没有把感情经营好，尤其是吴燕，做事极端，经常随着自己的性子发泄情绪，结果把两个人的感情和耐心都挥霍掉了，所以腾凯不愿意再跟她过下去了。

吴燕不会处理自己的感情需求，明明自己需要的是腾凯的关心和爱护，偏偏用赌气的方式来刺激他，结果事与愿违。

腾凯对她越来越失望，她的那些招数也越来越不起作用，这是吴燕应该接受的教训，不要在太晚的时候才回头。

至于腾凯，找谁填补身边的空白，找谁来照顾孩子，这是他自己的选择，可以是前妻，也可以不是，无论找谁都跟吴燕没有关系了。

可怜的是八个月大的女婴，不禁让我们扼腕叹息，因为父母的不成熟，等待她的将是一个完全不同的人生。

百姓评论员　许蔚虹

叩开幸福之门

法律解析

本案例中主要有两个法律关系，一是腾凯和吴燕之间是什么关系？二是腾凯和吴燕所生的女儿应该由谁抚养？

一、腾凯和吴燕的关系是男女朋友同居关系，不是婚姻关系。

根据《中华人民共和国婚姻法》第八条的规定："要求结婚的男女双方必须亲自到婚姻登记机关进行结婚登记。"腾凯和吴燕并没有依法登记，没有取得结婚证，故他们之间不是婚姻关系，是男女朋友的同居关系，他们不享有夫妻之间的权利和义务。

二、腾凯和吴燕所生的女儿是非婚生女儿。

腾凯和吴燕没有办理结婚登记，属于男女朋友关系，他们生的女儿属于非婚生女儿。根据《中华人民共和国婚姻法》第二十五条规定："非婚生子女享有与婚生子女同等的权利，任何人不得加以危害和歧视。不直接抚养非婚生子女的生父或生母，应当负担子女的生活费和教育费，直至子女能独立生活为止。"

河南方邦律师事务所　刘飞律师

第 2 章 甜美又苦涩的爱情

◎ 甩不掉的第三者

出轨的丈夫愿意回头,妻子也原谅了丈夫的出轨行为,可是第三者却依然紧紧黏着丈夫,不让其回家,这是为什么呢?

调解员:他们是怎么认识的?

高女士:我丈夫在乡医院上班的时候,这个女人去给她妈看病,然后就认识了。

解说:高女士说丈夫泉顺以前是乡医院的医生,一个名叫小梅的女人带着母亲去看病。当时泉顺是小梅母亲的主治医生,自然而然小梅就和泉顺有了接触,这一来二去的两人就产生了暧昧关系。

高女士:她整天什么都不干,就跟着我丈夫。

解说:天天被一个女人追在屁股后面,高女士与丈夫泉顺都寝食难安,两人什么办法都用过了,但是泉顺始终不能摆脱第三者的纠缠。

调解员:这个女人结婚了没有?

高女士:这个女人有两个孩子,一个20岁,一个18岁,现在她男人在监狱里服刑都12年了,快放出来了,我担心他出来会把俺老公杀了。

解说:高女士说如果小梅的丈夫出来之后与泉顺发生冲突,那么后果非常严重。无奈之下高女士只得求助于百姓调解员,希望能够让小梅放弃泉顺。最后百姓调解员跟随着高女士一起来到了小梅的家中,问问小梅到底是因为什么缠住别人的老公不放。

小梅:他不要她了,她想干啥呢?

调解员:他不要她可以,但是需要办离婚手续。离了婚,你俩才能走到一块儿,不离婚你俩在一起就是违法的。

小梅:他想在这儿坐一会儿怎么了?

调解员:他才坐一会儿?他有老婆、有孩子,他在这儿坐一会儿?

小梅:嗯。

解说:小梅在百姓调解员面前极力隐瞒她与泉顺的不正当关系,但是屋中凌乱的一切无法掩饰他们昨天晚上还在一起的事实。

调解员:你结婚了没有?

小梅:我没结婚。

调解员:你没结婚?

小梅:嗯,我离婚了。

解说:小梅有老公有儿子,她为什么非要缠着这个已婚男人呢?或许也知道这并不是什么光彩的事情,小梅还在极力掩饰着一切,但是站在一旁的泉顺并不配合小梅。

调解员:她爱人呢?

泉顺:她爱人在监狱呢。

调解员:他俩离婚了没?

泉顺:没有。

小梅:他进监狱十几年了,我有权利找对象没有?

调解员:你没有离婚就没有权利。

解说:趁大家不注意,泉顺偷偷走了出来,这边泉顺刚走,又有一名男孩推门进来了。

调解员:这个男孩是谁啊?

小梅:俺儿子。

调解员:你的孩子都这么大了,你都不害怕孩子笑话你?

小梅:我不害怕,只要有感情我就不害怕。

解说:看到自己的亲生儿子进来,小梅并没有感到哪怕一丝羞愧,反而向调解员说起了自己的委屈。

小梅:主要是他对我有意思,一开始我没有,但经过一段时间的了解,觉得差不多,他对我好。

调解员:你不管差多少……

第 2 章　甜美又苦涩的爱情

小梅：我问他回家不回家？他说我回家，也没人管，回家两次挨打两次。

调解员：他挨打18次，他没离婚之前你就不应该搭理他。

小梅：他来了我能赶他走吗？

调解员：当然能。立得正、站得稳，就不怕影子斜。你的孩子都那么高了，将来要娶媳妇，做母亲的要给他做榜样。

小梅：俺孩儿愿意。

调解员：你怎么那么傻呢，你的孩子愿意？孩子愿意让你跟他名不正言不顺吗？

小梅：只要有感情不就行了，他只要对我好，我们能走到一起就行了。

解说：小梅说泉顺经常遭受家庭暴力，一挨打就跑到她这里住，并向她承诺要离婚。她也是被逼无奈才接受泉顺。那么小梅所说的这些是否属实呢？这还要泉顺来证实，但是刚才还在屋内的泉顺却不见了踪影。经过一番寻找，泉顺终于找到了。随后百姓调解员将在外等候的高女士叫进了屋中，让三方当事人当面将事情做个了结。一看到自己的妻子，泉顺就说出了这样的一番话。

泉顺：有啥事一急就当家了，我什么都不知道，她就把事都办完了，我就烦她这点。

解说：泉顺说自从结婚到现在，已经十几年了，每次夫妻两人发生矛盾，高女士就叫来娘家的几个哥哥将自己打一顿，他实在是受不了了。如今在小梅身上他得到了高女士给不了他的东西。

调解员：你俩有感情没有？

泉顺：不能说没感情。

调解员：感情太一般了，是不是这样？

泉顺：那是。小梅跟着我，也确实不易。我打开天窗说亮话，她现在还没离婚呢，还有两个男孩。她的大儿子撵过我。

调解员：她的大儿子多大了？

泉顺：20岁了。他前一段时间撵过我，说实话我也很伤心。

解说：小梅的大儿子根本就接受不了泉顺进入他们这个家庭，后来强势的小梅为了挽回泉顺的心，就将自己的大儿子赶出了家门。虽然这样暂时稳住了泉顺，但是毕竟不是长久之计。泉顺说如果小梅想跟自己走到一起，需要答应自己一个条件。

泉顺：如果小梅想跟我结婚的话，第一，她必须得离婚；第二，不要大儿子，必须。

调解员：如果达不到的话，你俩就分手？

泉顺：那是。

调解员：你听见了没有？

小梅：我听见了，我可以接受。我和我老公说好了，他要一个，我养一个。

解说：小梅答应得很痛快，为了泉顺，她可以不要儿子。但是泉顺自己的儿子呢？泉顺又能否放得下自己的儿子呢？

调解员：你选择一下，在两个女人中间你选择一个吧。

泉顺：我选择我儿子。

解说：泉顺的态度已经很明确了，小梅也该明白了。本以为事情就这样结束了，泉顺也从小梅的纠缠当中解脱出来。但是小梅还是不死心，非要再次单独问问泉顺。

泉顺：小梅，我觉得咱俩已经不可能了。

小梅：怎么不可能了？不可能你早些时候干啥了？

泉顺：你看你俩儿子都反对，他俩你难道都不要？

小梅：我跟你说，只要是说反对的人，我都不要，我赌气也要赌到底。

解说：小梅现在的眼里除了泉顺，已经容不下任何人。听到母亲竟然说出这样的话，一直站在门外的小儿子实在忍不住，推开了门。

小儿子：开门。

小梅：你干什么呢？

小儿子：让他走。

小梅：你走！你走不走？

调解员：我让他走，你打她干啥？

解说：小梅认为儿子所做的一切都是高女士教唆的，追着高女士拼命地厮打。百姓调解员以及小梅的小儿子赶紧上前将小梅拉开。等双方冷静下来之后，百姓调解员再次问起了小梅同一个问题，是要儿子还是要情人？当着

第 2 章　甜美又苦涩的爱情

儿子的面小梅将如何回答呢？

小梅：不要。

调解员：俩儿子都不要？（转向儿子）你看你妈为了这个男人啥也不顾了。

儿子：他既然说了，你让他走。

小梅：我不让他走。

儿子：你怎么那么不要脸啊！

小梅：你滚！

调解员：小梅，你有啥条件给我说吧？

小梅：我没啥条件，我就要这个人，我啥都不要。

调解员：孩子说你没有一点脸面，你真不要一点脸面啊！

小梅：我就不要脸，我若是要脸，就不会跟他走到一起。

调解员：你脸皮太厚了，孩子的脸面你一点都不顾？孩子马上都该定亲了，你一点都不顾吗？

解说：即便是小梅如此地固执，百姓调解员也并没有放弃，还在努力地劝说着小梅放弃这段不正当的感情。

调解员：为了他，你可以把两个孩子都抛弃？

小梅：嗯。

调解员：你的心怎么这么狠啊？

小梅：我的心就是狠，主要是这个女人把我逼的。

调解员：人家一个女人怎么逼你了？

小梅：如果我让他回去，他回家就挨打。

调解员：他回家挨打与你不相干。

小梅：我就贱，我认贱。

调解员：如果是我的话，我根本就不收留他，即便打死他，跟我啥关系？他如果想跟你走到一块儿，回家就离婚，明媒正娶地娶你，离完婚你俩怎么办都行。

解说：听了百姓调解员的话，小梅沉默了。正当百姓调解员以为有了一丝希望的时候，小梅说出了一句话，让百姓调解员近两个小时的努力又变成了泡影。

小梅：我不在乎。

调解员：啥都不在乎？你就在乎这个男人？

小梅：那是。

调解员：你对她说清楚。

泉顺：过不成了，小梅，所有人都反对。你听你儿子说的啥话。

小梅：他说那话我不要他。

儿子：不要，走！

小梅：我可以走，但这东西不是你的，可以这样说。

调解员：听见没？伤心话都让你说出来了。

解说：小梅的话的确太伤儿子的心了。进到屋中的小儿子只得蒙上被子无声地哭泣着。一个18岁的孩子面对着这样一个母亲，他又有什么办法呢。

调解员：以后别这样做了。

小梅：不行。他只要找我，我还得找他。

调解员：你找她不找了？

泉顺：不找了。

小梅：这不是他的心里话。

调解员：他怎么说你才能相信？

解说：小梅说自己要跟泉顺单独谈谈，否则根本不可能放泉顺离开。无奈之下泉顺只得又和小梅回到屋中，商讨一个解决的办法。

小梅：说实话他不会要她。

调解员：可是话说回来了，他离婚之前，你不要去找他了。

小梅：知道，我跟他说了，俺俩都说好了。

调解员：他们俩不离婚之前，你们两个不能来往？

小梅：知道，我知道。

解说：事情到这里，只能就这样结束。小梅答应在泉顺离婚之前，不会再骚扰泉顺的正常生活，但是这个结果并不是我们想看到的。在现场我们可以看出来泉顺对妻子、对孩子还是有感情的。但是在强势的小梅面前，他只会委曲求全，可以说他的表现根本就不像是一个男人的做法。我们始终想不通，小梅到底看上了泉顺的哪一点？让其可以抛弃孩子、抛弃亲情，为了这个男人甚至可以抛弃一切。泉顺告诉我们，他最终肯定是不会离婚的。那么

第 2 章　甜美又苦涩的爱情

最近一段时间他只能想尽各种办法东躲西藏，躲开这个缠着自己的女人，躲避这段本不该产生的感情。

记者　杨秀芹

点评

很多男人出轨时都抱着侥幸心理，认为只要老婆不知道就天下太平，等老婆真的知道了再做打算也不迟，先迈出偷情这一步，顾不了更多。其实男人踏出第一步就应该想到今天的尴尬和无奈。

丈夫不忠，妻子不要把责任都推到第三者身上。事情已经闹得这么丢脸，小梅依然不肯离开，明摆着泉顺给她的有定心丸。如果泉顺态度坚决，小梅现在可能谈的是补偿，而不是坚持。所以说，一个第三者之所以纠缠，就是因为得了男人的默许。

因此，泉顺内心真正的态度很重要，不能再含糊其辞、暧昧不清了，那样是害人害己。

高女士也应该好好反省自己的问题，而不是去找第三者闹。你不闹，第三者自然会和劈腿的男人闹，等男人厌倦了，自然会远离她。

如果他一直不下决心，那么你与其卑微，不如保持自己那份自尊，汽车出问题了就要去修，如果修不了，只能报废。

百姓评论员　许蔚虹

孱弱的丈夫为什么会突然出轨，背叛相濡以沫十八年的妻子？处于社会

叩开幸福之门

道德反面的第三者缘何敢于理直气壮地向原配宣战，追求不被社会认同的畸形恋情？现行法律是否真的对这种怪相束手无策？

仔细考察我国法律的相关规定，其中《中华人民共和国婚姻法》第四条明确规定夫妻之间有相互忠诚和相互尊重的义务，节目中的丈夫泉顺在与妻子夫妻关系存续期间和小梅发生不正当的男女关系，很明显地违背了《中华人民共和国婚姻法》关于夫妻忠诚义务的相关规定。然而考察《中华人民共和国婚姻法》相关条款，我们会很惊讶地发现现行婚姻法并没有对夫妻之间违反忠诚义务应当承担什么样的责任进行规定，也正因为此，小三小梅敢于如此猖獗地在调解员和高女士面前宣誓自己的"爱情"。

泉顺和小梅的行为虽然严重违反了社会道德，但却游走在法律的边缘地带，缺乏相应法律规范对其问责，不能不说是现行法律的缺憾。本案中的受害者高女士也只能期待丈夫回心转意，期待小梅放弃继续骚扰丈夫泉顺，或者与泉顺解除已经存续十八年的婚姻关系。而第三者小梅，必然还将因其背德行为而持续受到社会舆论的谴责。在可预见的将来，法律将继续缺位。

河南方邦律师事务所　王冰光律师

第3章

老吾老以及人之老

◎ 遗失的亲情
◎ 绿化带中的露宿老人
◎ 上门女婿不养老
◎ 本是同根生　相争何太急

The Mediation For People
A Program to Knock on the Door
of Happiness

第3章　老吾老以及人之老

◎ 遗失的亲情

87岁高龄的老太太，本该颐享天年，却为何悲痛欲绝地想要自杀呢？养育了四个儿女，却为何反目成仇，弃她于不顾？

解说：我们今天的求助人是位老太太，有四个儿女。30年前，她的老伴儿就因病去世。这些年来，她一直由两个女儿和大儿子轮流赡养，小儿子从来不管。然而就在两年前，她的大儿子也突然不管她了，只剩下两个女儿轮流照顾她。这究竟是怎么回事呢？

大女儿：我妈那时候做生意，卖了一年的肉，大嫂非得咬着三十年前的卖肉钱跟我们家闹。

二女儿：我们姊妹俩照顾我妈，还说我们姊妹俩把这个钱拿走了。老太太看病不看病？她的吃穿都是我们姊妹俩伺候的。她年龄那么大了，还说我俩贪污钱了，谁贪污钱了？我之前九年一直没有要孩子，我都是在为这个家付出。我的小女儿，生病我都没时间照顾，最后竟然死了。

解说：老人的二女儿说，在父亲生病期间，她都跑前跑后给父亲洗衣做饭，父亲去世之后，她又承担起给母亲洗衣做饭的责任。正是由于她整日都在为这个家奔波操劳，甚至连女儿生病都疏于照顾，结果导致她的女儿不幸夭折了。然而，一家人却没有一个人念及她的好，她的两个弟弟更是见面之后就说难听话，他们究竟是为什么要这般地对待自己的亲姐姐呢？

调解员：这个事儿，老娘怎么办？

小儿子：与我无关。

调解员：为什么？

小儿子：她生我了，不错，养我了没有？

调解员：那你怎么长大了？

小儿子：自己爬这么大，让我来这个世界上受罪，吃苦。

调解员：建军，你刚出生时，是谁把你养这么大的？

小儿子：她没有养我。

调解员：谁养的？

小儿子：不知道，我自己都不知道。

解说：老人的小儿子一见到母亲和姐姐来，就顿时火冒三丈，毫不念及母亲的养育之恩，说的每一句话都在往母亲的心窝子上戳。他对母亲究竟有着怎样的仇恨呢？

调解员：大娘，为什么他对你说这个话？

小儿子：她知道。

调解员：你当娘的，你不糊涂，你年轻时候做了什么事儿，你心里最清楚，你的儿子为什么这样说？

母亲：我不知道，让他说吧。

调解员：你要不说的话，这问题没法解决。

大儿子：她退休了之后在家做生意。她大女婿说不让她干她就不干。我们为她提前准备的买墓地钱，她也拿走给大女婿了。

解说：老人的大儿子说，并不是他不赡养母亲，而是每次轮到他们家赡养母亲的时候，母亲总是不时地往大女儿家跑，帮大女儿带孩子、做饭、洗衣服，在他妻子生了一对双胞胎的时候，母亲却连问都不问。

调解员：大娘，你买墓地呢，为啥不让儿子给你买，却让女婿给你买？

母亲：他帮助买。

调解员：你不是有两个儿子吗？大娘，你不能不认啊。

母亲：我闺女整天跟着我，我在她家，她啥也不会做。

小儿子：她大闺女的房子是她盖的，她去住了，被撵出来了。

调解员：你给闺女盖的房子，她竟然不让你住？（转向小儿子）你媳妇儿呢？

小儿子：死了。

调解员：你自己吗？

第3章 老吾老以及人之老

小儿子：还有个儿子。我儿子从小就出去打工。

解说：老人的小儿子说，当年父亲在世的时候，他也是很孝顺的，可是后来的这些年，他的生活过得苦不堪言，多次开口去求母亲帮助他。但母亲却对他不管不问，从此，他就下定决心不会再赡养母亲了。

小儿子：钱给过我一分没有？

调解员：你手里还有钱没有？

母亲：没有，我根本没有存钱。

大儿子：她住院了，她（大姐）跟我们商量，说老太太的钱不够，让每人交500块钱，我说那可以。后来我才发现，老太太没有住院。回家了，老太太让我看储蓄本了，15号取了1000块钱，她给我商量的是一个人拿500元，那老太太的1000块钱是谁取的？

调解员：把存折拿出来，2012年1月6号取了1000块钱，2012年1月15号又取了1000元。

大女儿：这1000块钱是我15号取的钱。

调解员：你15号取钱是干什么用的？你妈不是18号才住的院？你取这钱干啥呢？

解说：老人的大儿子说，母亲的退休金是一个月1200，存折一直由大姐拿着，他从来都不知道母亲的存折里有多少钱。如果不是这一次母亲让他看存折，他或许永远都不会知道。

调解员：1月15号取的钱弄哪儿去了，现在你说不清，你做得不对。你们姊妹俩管老娘了，为老娘操心了，但是你们两个没有把母亲的钱的来龙去脉给两个弟弟说清楚，你们两个在这方面没有做到位。

解说：调解员的话指出了问题的症结所在，如果之前老大把母亲每个月的工资去向都清清楚楚地告诉了弟弟妹妹们，他们之间就不会有今天这么深的矛盾和隔阂了。

母亲：怎么会走到这一步啊？

大女儿：不都是你自己造成的？

解说：这边老人在不停地哭泣，那边女儿们还在无休止地争吵着，邻居们都看不下去了。

调解员：你娘一直在哭，你们兄妹四个是最连心的人，但现在你们兄妹四人没有一个来劝劝老娘。其实我今天都可以不调解了，因为你娘哭都连不住你们的心，任何人都连不住你们的心，我说的话简直就像对牛弹琴一样，无情，太无情了。今天我去给她办手续，把老娘送到敬老院，你们兄妹四个签个协议，老娘百年之后，谁去敬老院里领老娘？

大儿子：让她去。

调解员：如果老娘有病了，敬老院通知你，你通知他们三个。如果需要1000块钱，每人拿250，如果是10000的话，每人拿2500，就这么简单。就算抢救不过来了，那么这个作为丧葬费已经够用了，用不完的情况下，这个丧葬费，你们两个闺女都不要，让他弟兄两个分了。

女儿：行，没意见。

大儿子：我不要。

调解员：都不要？

小儿子：不要。

调解员：怎么办啊？

小儿子：活着还见不到她的钱，死了我更见不着她的钱，我要她的钱干啥？

母亲：我还有个小孙。

调解员：哪个小孙？

母亲：还有一个小孙子也是苦人。

调解员：给你儿子呢，听见了没有？是个苦人，给她小孙子呢。

解说：无论他们四个人的内心真实想法是什么，或许老人在此时此刻早已经想明白，她要对自己之前的行为进行补救，她要把自己亏欠儿子和孙子的情给补上。

大儿子：我去领，我做主，我想叫人就叫人，我不想叫人是我的事儿。

调解员：那不对。

解说：大儿子竟然提出这样无理的要求，即便是老人百年之后，也不让老人得到安息吗？老人再次痛哭了起来。

调解员：你不能不让闺女披麻戴孝，送她娘一程。

大儿子：我办完事以后她们再去办，我不管她们。

调解员：如果交给你姐办这个事呢？

第 3 章　老吾老以及人之老

大儿子：她们办事叫我去我就去，不叫我去我就不去。

解说：调解员实在是没有办法了，她不想看到老人的四个子女在这里反目，她不想让站在周边的这些老人、孩子、妇女再看到如此残忍的情景，她更不愿意看到八十多岁的老人在寒风中痛哭到心碎。

调解员：老娘这样痛哭都打不动不了你们兄妹？你们真是铁石心肠！都是老娘做得不对，老娘怀你们不对，老娘生你们也不对，老娘养你们更不对。如果有一点对的话，你们不会对她这样。

大儿子：现在她想跟着我，我不反对。

调解员：大娘，对他说不让他去了。

母亲：去不去都行，都由你来管我。

调解员：可以了吧？

大儿子：这是你说的，可不是我赶你走的。

调解员：我给你说，你是逼着老太太哑巴说话呢，你当然不会逼着她了，今天让你签这个协议就行了，宝刚，我什么也不说你了，没有意义。

大儿子：我现在不同意签这个协议。

解说：无论调解员如何劝说，老人的大儿子始终执拗地不答应母亲百年之后通知他两个姐姐。

小儿子：她真有病了，我不可能不管。

调解员：第一，存折上的钱是只能存不能取，等到你娘百年之后，该买墓地了，花她这个钱。如果花不完，宝刚，你娘的意思说是给她这个小孙子，这是你们兄弟两个的人情，你们兄弟俩一商量就行了，与这俩姑娘无关。第二，老人有病了，该伺候还得轮流伺候，轮流摊钱。第三，老娘有脏衣服了，俩姑娘一星期来一趟给她洗。

解说：对于调解员的建议，老人的两个儿子都表示同意，那老人的两个女儿又会作何表态呢？

调解员：你们平时一星期来看老娘一次，老娘的衣服由你们姊妹俩洗。

大女儿：我也不来了，我也不洗了，我也不管了，一切交给他们。

大儿子：对，就等这一句话了。

调解员：那就这吧，你签字吧，活着也不管，死了也不葬，什么也不管了。

 叩开幸福之门

大女儿：我一切都不管了，我对你付出了没有？我不是没有付出啊，我对你也付出了。

调解员：可是话说回来了，我没想到你今天会说这绝情话。

解说：大女儿的态度真是出乎所有人的意料，这个平日里老人最疼、最爱的女儿，如今却说出这样绝情的话。她怎么能够忍心置母亲于不顾呢？

二女儿：我洗。老太太只要说有病了，兑1000、2000我都愿意。我老娘养活我这么大了，衣服我洗。我老爹的衣裳都是我全部给他洗的，我妈的衣裳我还给她洗，只要是该洗的东西我都洗，我完全负责。从今以后你们弟兄不能骂我，不能说难听话。

解说：姐弟四人终于达成了共识：第一，老人由大儿子赡养，其余三人每月出200元钱作为老人的生活费，如果老人有重大疾病，医疗费用由姐弟四人均摊。第二，老人的衣服、床褥由二女儿负责清洗。三、老人的存折由大儿子保管。老人百年之后由大儿子料理后事，如果存折上有剩余，归老人的小孙子所有。四个人在协议书上签了字，盖了章。

记者　李桂红

点评

儿女不赡养老人，实在是令人不齿，不孝敬是违背道德情理，不赡养是违背法律。四个儿女之间还因为鸡毛蒜皮的小钱闹得几十年不和，真是让人痛心。人的生命何其有限，都耗在跟亲人置气上了，太不值得了。

百姓评论员　许蔚虹

第3章 老吾老以及人之老

法律解析

俗话说"百行孝为先",古有"求忠臣必于孝子之门",今有"不孝之人不得提拔重用"的党纪,这反映出我们中华民族历来都以是否孝顺父母作为道德评价的重要标准,此标准从古至今均已纳入了法律的范畴。《中华人民共和国宪法》第四十九条规定"父母有抚养教育未成年子女的义务,成年子女有赡养扶助父母的义务。禁止破坏婚姻自由,禁止虐待老人、妇女和儿童";《中华人民共和国婚姻法》第二十一条规定"父母对子女有抚养教育的义务,子女对父母有赡养扶助的义务";《中华人民共和国刑法》第二百六十一条规定"对于年老、年幼、患病或者其他没有独立生活能力的人,负有抚养义务而拒绝抚养,情节恶劣的,处五年以下有期徒刑、拘役或管制";《中华人民共和国老年人权益保障法》第十四条规定"赡养人应当履行对老年人经济上供养、生活上照料和精神上慰藉的义务,照顾老年人的特殊需要。赡养人是指老年人的子女以及其他依法负有赡养义务的人"。第十九条规定"赡养人不得以放弃继承权或其他理由拒绝履行赡养义务"。

由以上法律规定可以看出,赡养父母是子女的义务,没有任何的附加条件,不依子女是否分得父母财产为前提。结合案情,可以确定,老人的四个子女以没有掌控和得到老人的存款为由拒绝履行赡养母亲的义务是错误和违法的,如调解达不成协议,其母亲可依法起诉要求四子女履行赡养义务。

河南方邦律师事务所　焦广华律师

◎ 绿化带中的露宿老人

八旬老人有四个儿子,却为何露宿街头?两个儿子就住在不远处,竟不管老人,究竟是为什么?

调解员: 老人在哪儿住着呢?

路人甲: 就在马路中间,有条被子,有个三轮车。

调解员: 你说在绿化带中间?

路人甲: 对。

调解员: 也没有搭个棚?

路人甲: 没有,前几天下小雨了就在雨里睡觉,看着挺可怜。

调解员: 他有多大岁数了?

路人甲: 八十多了,这个老人很早就没有老婆了,为了养活儿子们,一直没有再婚。现在大儿媳妇又把他赶出来了。

解说: 老大爷和儿媳妇之间有何矛盾?而老人的另外几个儿子看到父亲露宿街头,难道都置之不理吗?带着疑问,我们跟着好心人见到了绿化带中的赵老爷子。

调解员: 你先吃个鸡蛋,你为什么要在这儿住啊?谁把你赶出来了啊?

赵大爷: 孩子。

解说: 当我们向附近的村民打听两个儿子的住处时,村民却表现得十分畏惧,一点线索也不给我们透露。他们是在害怕什么呢?我们只好来到村委会了解情况。也不知道是巧合还是听到了什么风声,赵大爷的大儿媳突然出现在这里,来势汹汹的她接下来的举动让我们大为吃惊。

第3章 老吾老以及人之老

调解员：你爸在大街上住，你知道不知道？

大儿媳：知道。

调解员：他为什么住到那儿啊？

大儿媳：都争着赡养他呢。他四个儿子，我算老几啊？

调解员：那咱去你家吧，去你家咱好好说说。

解说：虽然大儿媳妇的话有些过分，但是百姓调解员还是决定听听她心中的委屈。我们跟着大儿媳一起回到了家中，见到了赵大爷的大儿子。

大儿子：她对老人也可以说是孝顺，对兄弟们都不错，她嫁过来时我弟弟才这么高呢，都没有结婚。

大儿媳：十一二岁母亲就去世了。

大儿子：天天都是她缝缝补补洗洗。

解说：大儿子说，妻子刚嫁进门母亲便去世了，之后妻子就帮着父亲照顾这个家，她是个很贤惠的人。那么，在大儿子和大儿媳的眼里，老父亲又是个怎样的人呢？

大儿子：他没有脑子，没有心，就是墙头草。

调解员：你婆婆去世之后他跟着谁过呢？

大儿子：跟着另外的三个儿子。

调解员：他为什么要排斥你啊？

大儿媳：因为老二和我整天打架，他为了二儿子，去派出所告我了。关系断了十年，谁都不理谁。

调解员：十年当中，叫过爹没有？

大儿子：谁都不理谁，还叫爹啊？

调解员：你说十年当中就像陌生人一样？

大儿子：对，谁也不理谁。

解说：大儿媳说十年的冷战之后，因为一场重病，二兄弟去世了。二兄弟的院子空了出来，这时候自己和丈夫找到了十年没见的老父亲。

大儿子：他在那个院子呢，我们想要院子，但他把我们撵出来了。我说我是在这个院子结的婚，我就应该住到这里。我拉着他的床，把他拉出去了。

解说：最终，老大和媳妇儿住进了老二的院子，而无奈的赵大爷则跟着

叩开幸福之门

四儿子生活了七年。可就在两年前，四儿子的去世让这个家庭再次不平静起来。

调解员：老四前年去世时留下了多少钱？

大儿子：后来才知道四万。

调解员：这四万块钱现在在谁手里？

大儿子：老三拿着呢。

解说：原来赵大爷的小儿子去世之后，留下了一片价值四万元的枣园，现在由老三种着。村里正面临拆迁改造，按人头补偿的方案一下子让赵大爷成了香饽饽。大儿子和三儿子争着养起了父亲。

大儿媳：他不跟我，他非跟老三，老三"猴"。

调解员：拉也拉不来？

大儿媳：拉也拉不来，被子我都给他点了。

解说：老人要跟着哪个子女是他自己的自由，强拉不来，大儿媳就点了老人的铺盖，现在还如此振振有词，理直气壮。而赵大爷又是为什么死活不愿意来大儿子家居住呢？可是就在三儿子接父亲回家后第二个月，他的态度也发生了转变，并和大儿子签下了一份令人匪夷所思的协议。

大儿媳：老三说，我不养了，你愿意怎么办就怎么办。

大儿子：我说你既然不养了，我养。

解说：三儿子好端端地为什么要放弃赡养老父亲呢，我们暂时不得而知。既然老大最终把父亲接到了家里，那么老人如今为何又住进了绿化带呢？

大儿媳：他就在隔壁屋住，在这儿住俩月。

调解员：现在这个屋呢？现在这个屋租出去了？

大儿媳：前一段租出去了。

调解员：他为啥在你家住两个月之后又住到马路上了？

大儿媳：我说给他盖一间简易房，让他住到枣园里，那是他的老地方，他爹他娘给他的地方。

解说：原来大儿媳将老父亲的房子给租了出去，要在枣园中给父亲修建简易房单独居住，老父亲气不过，便住进了大队。那赵老爷子最后又是怎么住进绿化带的呢？

第 3 章　老吾老以及人之老

大儿媳：大队也不让他住了，他在那儿总是随地撒尿，别人不让他在那儿住了。

调解员：你也把他拒之门外了？

大儿媳：我肯定得把他拒之门外。

调解员：你觉得你这样做对不对？

大儿媳：老三做得对不对？

解说：不管老三有怎样的过错，但为什么老大当初极力争取到的赡养老人的机会，现在又要将老人拒之门外呢？

大儿媳：老三得了四万块钱，老人说你把这钱给我吧，他不给，只给了一万块钱，我们只接到一万块钱。

调解员：现在眼下最紧急、最重要的事就是咱今天晚上能不能想个办法让老人先住到家？

大儿媳：你给我们解决了才能让他住。

调解员：听我说完，大姐，假如说你爹要等不到上法庭，死到马路上了怎么办？

大儿媳：死到马路上我埋人。

调解员：钱不给你，你就不养活他，是不是？

大儿媳：东西又没有给我，我凭什么养他？

调解员：你当老大的，能不能起个带头作用？咱先把老人接回来。

解说：接着百姓调解员与赵老爷子的三儿子取得了联系。由于三儿子不想见大嫂，他们在约定地点见到了开车前来的老三。

调解员：当时为啥要跟他签一个生不养死不葬的协议？

三儿子：老大两口子打我。

调解员：他打你有理由、有原因没有？

三儿子：说我养活老人了。

调解员：你养活老人也错了？

三儿子：在我家门口一直骂四天，我惹不起我躲得起。

调解员：你现在是又想孝顺又有点为难，是不是这意思？

三儿子：我现在可以说，我什么都不要了，我好好养活老人。

调解员：你有什么条件没有？

三儿子：我不要条件，我任何条件都不要，他是我的父亲，我就不要条件，只要不再找我事儿就行。

解说：看到三儿子表明了态度，我们决定回去再做做大儿媳的工作。

大儿媳：老人的钱足足有四万，我去找老三，他就拿出来一万。我给老爷子买了个车，又给他五百块钱用。

调解员：那是儿子和媳妇儿应该做的。以前的事儿不说了，你们都觉得吃亏，老人不亏？当年他不会教育儿子，现在落得这个下场。每个人都谈到房子、钱，其实我听着都累了。钱再多，买不来亲情，房子再大，没有爱，那就不叫家。

大儿媳：你让老人说，老人说跟谁就跟谁，老人要是说他跟老三，我们就推给他。

调解员：走吧，咱去问他吧。

调解员：你给我说，你是愿意跟着老大过还是愿意跟着老三过？

赵大爷：愿意跟老三过。

调解员：愿意跟老三？

赵大爷：嗯，愿意跟老三过。

调解员：刚才问了两遍，老人的意愿是他希望跟着三儿子过。

大儿媳：那就让他跟着老三过吧。

调解员：不管是老三养还是你养，你们以后各过各的日子，你不去他的门口找事儿，他也不去你的门口找事儿。如果要是做不到怎么办？

大儿媳：什么做不到？能做到。

解说：在三儿子和大儿子赶到之后，百姓调解员为两人拟定了调解协议。

调解员：第一，老父亲由老三赡养，老父亲的生老病死都由老三负责。第二，老三给大哥的一万块钱，大哥退还老三。第三，老三跟老大之间互不找事儿，谁也不找谁的事儿，不准互相打骂。第四条，父亲所有的财产甚至说百年之后的遗产，都由老三继承，与老大无关。你有意见没有，大嫂？

大儿媳：他不跟我住，我一点儿意见都没有。

调解员：三哥你有意见没有？有什么补充的，你们现在都可以说。

三儿子：我也没啥可说的。

第 3 章 老吾老以及人之老

解说：本以为事情得到了圆满的解决，可是意想不到的事情发生了。老大两口突然起身要走，他们提出的条件是想要签字，必须要征得自己舅舅的同意。一直表示愿意无条件赡养父亲的老三，这时候突然要回家征取妻子的意见，说完便匆忙开车离开。

大儿媳：你不用再说了，说这些也没用。

调解员：你不要为难我们了，现在五点了啊，大姐，老人到现在还没吃饭呢。

解说：天色已晚，大儿媳提的条件没法实现，老三儿子却始终不见踪影，百姓调解员只好和村长协议后去附近的市场为老人购买了塑料布，希望能够搭起一个简易的棚子，帮助老人度过今晚。

主持人：天黑，它不等人！难道这心黑也不论理吗？咱们的百姓调解员王瑞萍老师是口干舌燥，说了一天也没说出个结果。眼看天色已暗，最终在大队的协调下，老人来到了村委会，在村委会暂时居住。然而在第二天，我们得知，老人又从村委会出来了，他依然是住在那个马路中间的绿化带当中。所以第二天，我们的百姓调解员何玲老师再次来到这个地方，因为我们觉得老人应该回家，这不是他住的地方。那么接下来又会发生什么呢？

调解员：我们这是第二次来，今天我来，目的就有一个，让老人老有所依，有一个住的地方。你们必须都得养，这是你们的责任和义务，责无旁贷，义不容辞。活不养死不葬，对不起，以老人的名义把你推向法庭，判三到五年有期徒刑。这可不是简单的家庭纠纷了，这都是上升层次了，违法了。

解说：接下来百姓调解员征求了两个儿子的意见，并为赡养问题提出了三套解决方案。

调解员：我现在想听听两兄弟的看法，对赡养老人怎么看，你们有困难全部摆到桌面上。

三儿子：如果老人说跟着他，我不再管了。如果说他跟着我呢，我不让他管。

调解员：你是根据老人的意愿，是不是？

三儿子：对。

调解员：这也是一个方法。但是三兄弟，你只说对了一半，你不能说跟着老大了,你就不管了。那不行,要么出钱,要么出力。

解说:三儿子提出愿意遵循老人的意见,自己绝对不说二话。而大儿子又会是怎样的态度呢?

大儿子:从开始到现在,这几个月了,我没说不养活老人。哪怕说路边有一个没有儿、没有妞的老头儿,我也照样养。

调解员:你的意思就是说,如果三兄弟不养,你养?

大儿子:我还养活。

解说:大儿媳到现在还是坚持自己愿意单独赡养老父亲,这时,百姓调解员也为两兄弟提出了一个备选方案。

调解员:你们俩不是一个人说一个方案了吗?我再说一个方案,你们俩谁都别养,我们给老人找一个地方,你俩出钱,同意不同意?

大儿媳:我同意。

调解员:孙主任,你是父母官,你再说一个方法。

孙主任:要不你们再去征求征求老人的意见,看他是什么意思。

解说:虽然几天前的采访当中,我们已经征询过赵大爷的意愿,但为了让大儿媳信服,我们再次带着两个儿子以及村大队干部一起来到了老人露宿的地点。

调解员:大爷,他们俩你想跟着谁一起生活?或者他俩谁都不跟,我们给你想办法。

赵大爷:他俩都不给我做饭,我谁都不跟。

调解员:确定不确定?

赵大爷:确定。

解说:赵大爷终于说出了自己内心的想法,那么为什么他会做出这样的决定?两个亲生儿子到底做了什么让老父亲如此心灰意冷?

调解员:你为啥不愿意跟他们?你担心什么呀?

赵大爷:跟着老三了,老三把我赶出来了。

调解员:那跟老大呢?

赵大爷:也赶出来了。

调解员:我最后再问你,你说你谁都不跟,你会后悔吗?

赵大爷:你们给我想个法。

第 3 章　老吾老以及人之老

调解员：我们先回去商量商量，一会儿再来，喝点水。

解说：听完赵大爷的这一番话，想想两个儿子为了土地、财产发起的战争，再想想大儿媳自称的孝顺，回到村委会，百姓调解员积攒已久的情绪彻底爆发了。

调解员：刚才从老人那里过来，我不知道你们弟兄两个有什么感触？住在老三家，老三把他赶出来了，住在老大家，老大把他赶出来了。大逆不道，真的是大逆不道。你们还冠冕堂皇地站到面前说这说那，你们有什么资格？我不知道你们在座的，你们当儿子的也好，当媳妇儿的也好，你们晚上能不能睡着觉？你们年幼的时候父亲怎么对你们的？你们曾经也是他的宝贝，他的太阳，他的希望，老人奔波一生，把你们每一个人养育成人，让你们结婚生子。你们现在一个人一处院，你们都过上幸福的日子了，老人现在流落到马路上了。天理不容啊！兄弟，今天这种局面，老人就住在绿化带里面，住了半个月，你们是低头不见抬头见，连看老人一眼都不看，你们的良心在哪？

三儿子：良心让狗吃了。

调解员：真是让狗吃了！老三，你这话说得太对了。大嫂，大哥身体不好，我能理解，但是他的父亲在绿化带里面住，这就涉嫌遗弃。我们养儿女干啥？你现在当奶奶了，我们不能让我们的子女效仿我们。

解说：说到这里，百姓调解员彻底失望了，赵大爷似乎对两个儿子也完全不信任，这让百姓调解员想起之前的第三套方案。

调解员：老人刚才明确了，不让你们养。

大儿媳：他不让养拉倒。

调解员：你别给我理直气壮，如果你把老人赶出来，就是你的错。你们如果是这样的态度，说心里话，老人跟着你们我还不放心呢，让你们后悔去吧，老人的今天就是你们的明天。你刚才说不养，我也同意，可以不养，老三你也可以不养。咱这儿不是马上要开发嘛，老人那一份，村干部扣下来，老人的费用老人自己用，把老人送到敬老院，这些费用都让老人用，谁都不能给。老三、老大谁都不给，老人还没有死呢。

三儿子：这个方法也可以，我也没意见。

调解员：现在这样吧，村主任，先暂且不让他们养，缓和一下关系，把老人送到敬老院去，大队将来把老人的钱全部用到老人身上，你同意不同意，村主任？

村长：同意。

调解员：老父亲百年以后怎么办？

大儿媳：你若把他送到敬老院了，我啥都不管。

解说：大儿子明确表示不再管父亲，并且同意让大队负责父亲的养老问题。百姓调解员为赵大爷和村委会拟定了协议，并让村委会班子成员以及赵大爷的三儿子签下了字。

调解员：自愿达成如下协议：一、父亲赵连成自愿放弃两个儿子的赡养义务。根据老人的意愿，老人由村委会负责赡养。二、老人由村委会联系敬老院，安排老人的日常生活。三、老人在队里所有的财产用于老人的生活开支。四、老人百年以后由村委会安葬，子女无权干涉。

百姓观察员盛大林点评：我们中国有句老话，叫百善孝为先。赡养父母、孝敬父母是我们的一种美德，这不仅是一种道德义务，同时也是一种法律义务。也就是说如果我们拒绝赡养父母、孝敬父母，它是一种违法行为。不过，社会是复杂的，不以我们每个人的善良愿望为转移。不管我们社会发展到哪个阶段，仍然可能会出现这种拒绝赡养父母的情况。那么怎么办呢？我考虑更多的还是能够尽快地建立和完善一个完整的、多层次的社会养老体系。结合中国的国情，我个人觉得我们这个社会养老体系应该至少分为三个层次。

第一，就是居家养老。这实际上也是一种最传统的养老模式。第二，就是社区养老。也就是说我们每一个社区都成立一个专门的养老机构，由专门的人员来提供这种养老服务。第三，就是社会养老。就是社会性的各种养老机构。这种养老机构既可以由私人投资，也可以由政府投资。我觉得政府投资是必需的，因为它是一种兜底性的服务。也就是说为了保障每一个老人都老有所养，政府必须尽到义务。

记者　张静茹

第 3 章　老吾老以及人之老

点评

儿女心如铁，父母心滴血。

赡养老人不仅是人生来就具有的天性，更是依据法、理、情都不能推卸的责任。"羊有跪乳之恩，鸦有反哺之义"，何况被父母抚养长大的子女？我国刑法规定对于年老者负有赡养义务而拒绝赡养，情节恶劣的可处五年以下有期徒刑、拘役或者管制。而且，对老年人的赡养包括对老年人进行经济上的供养、生活上的照料和精神上的慰藉三大方面，并不是给父母扔点钱就够了。

现在许多子女"孝"的观念很淡薄，他们认钱、认权，就是不认爹娘，致使许多老人流离失所、有家难归。受家丑不可外扬观念的影响，一些老人在生存权与生活权被侵犯后，大多选择默默承受。老人放弃赡养权实在是太善良了，不跟他们啰唆了，直接法庭上见！

因此我们呼吁"孝法"尽快出台，对于谩骂、冻饿、凌辱、殴打、遗弃父母的人，建议终生不得录用和晋升，就是应该让这些不孝的人成为人人喊打的过街老鼠。

百姓评论员　许蔚虹

中国是礼仪之邦，尊老、爱老、敬老是中华民族的传统美德。赡养老人不仅是道德规范的要求，还是法律规定公民应当履行的义务，为何让八十多岁的老人露宿绿化带中？

从法律层面讲，子女赡养父母是法定义务，不受父母有无财产、是否分过家以及分家是否公平的影响。赡养人不得以放弃继承权或者其他原因为理由，拒绝履行赡养义务。赡养人不履行赡养义务，老年人有要求赡养人付给赡养费的权利。当赡养人、扶养人不履行赡养、扶养义务，基层群众性自治组织、老年人组织或者赡养人、扶养人所在单位应当督促其履行。从民事方面看，其子女侵占老人自有住房将老人赶出家门的行为已经违反了《中华人民共和国老年人权益保障法》。从刑事层面讲，老人的子女负有赡养义务而拒绝赡养，并将老人从自己的房子里赶了出来，让80多岁的老人露宿绿化带中半个多月，其情节恶劣已构成遗弃罪的，应当承担刑事责任。

我们的国家和社会应当采取措施，健全对老年人的社会保障制度，逐步改善保障老年人的生活、健康以及参与社会发展的条件。保障老年人的晚年生活，使老人老有所依。

河南方邦律师事务所　黑慧敏律师

第 3 章　老吾老以及人之老

◎ 上门女婿不养老

70多岁的老人膝下有六个女儿，为了晚年有所依靠，便让三女儿招了上门女婿。如今老人年迈了，她的三女儿、女婿却对她的晚年生活不管不问。本该是母女情深的三女儿为何要如此对待老人呢？老人的赡养问题最终能得到妥善安置吗？

调解员：闺女为什么不养你？又为什么会骂你？肯定都有原因，没有原因她会骂你吗？

周彬姥姥：她说我不中用了。

调解员：（对三女婿）你老婆呢？

张先生：去地里了。

调解员：你让她回来，回来坐到一块儿把事情说说。

张先生：有什么事就说吧。

解说：从张先生说话的语气中，我们可以听得出，他们之间有着很深的矛盾。调解员劝大家都冷静，希望张先生能把妻子叫回来。张先生说，自打自己做了上门女婿，进了这个家，就担负起作为一个儿子的责任，自己尽心尽力地为这个家付出。可是没过几年，岳父便嚷嚷着要分家。

张先生：我来到她家，我是奉养她了，不是不养。俺小妮那时候刚会爬，到那儿把瓜苗弄坏了，他们就对她凶得不行。

解说：张先生说从此以后他和岳父岳母之间便产生了隔阂。之后，岳父岳母一直都是单独生活。老人难道真是因为小孩子的淘气行为与子女撕破脸吗？

调解员：你老头儿跟他分家的时候，你知道不知道？

周彬姥姥：不知道，我没在家。

调解员：你回来老伴儿给你说了没有？

周彬姥姥：没有，我在家做饭呢，他说把麦子分完了，我说分就分吧，不够了咱再向他要。后来他们就打架了，我也没少挨打。

解说：如今老人的丈夫已经去世了，这些事情也无法证实。调解员觉得现在只剩下老人自己了，为什么三女儿、女婿还是不管老人呢？

调解员：三妞，你坐到这儿，我和你说说。

三女儿：我丈夫是入赘到我们家的，我总想着，无论如何也不能生气了，是不是？

解说：老人的三女儿说，因为丈夫是入赘到他们家的，因此她的姐姐和妹妹就瞧不起她丈夫，平日说话也不太好听。这十几年来，他们一家人从不和其他姐妹来往。就连父亲去世，她的家人也都把责任推到了她的丈夫身上，这让她心里十分不好受。

张先生：孩子姥爷服毒自杀，说是我的责任，这个屎盆子扣到我的头上，我心里委屈不委屈？老人自己要求单独生活，把她的地让给别人种，不让我种，最后她把钱花完了，说我不养活她了，把我告到法院，我委屈不委屈？

解说：张先生说岳父是喝农药自杀的，家里人都把责任推到了他身上，认为他对老人不孝顺。面对周围邻居的冷嘲热讽，他说他并没有想过不管老人。事情真是如此吗？

周彬姥姥：把我的灶台给拆了，一脚把我踹到那儿了。

三女儿：我没有踹你。

调解员：谁踹你，你三妞？

周斌姥姥：什么东西都不给我，我都不敢向她要。

解说：老人说这么多年来都是她一个人做饭吃，其他孩子从不过问她的事情。如今三女儿、女婿又把她的灶台给拆了，这无疑是不想让她在这里住了，所以她才出去的。老人的三女儿为什么要把灶台给拆了呢？正当调解员想质问三女儿的时候，外面传来了吵闹声，调解员赶紧出去看看情况。原来是老人的五女儿六女儿来了。

调解员：你干什么呢？

三女儿：你敢再骂我一句？

第3章 老吾老以及人之老

调解员：你干啥呢，周彬？

解说：看到大家情绪这么激动，调解员赶紧劝说大家冷静下来，可是接下来的一幕更是让调解员始料未及。

周彬：你敢再动她一下试试？

调解员：她是谁啊？

周彬：这是我媳妇儿。

解说：周彬媳妇的到来使现场的气氛更加紧张，也进一步激化了双方的矛盾，双方大打出手，此时亲情在他们面前显得毫无价值。到底是怎样的深仇大恨让他们如此残忍地对待对方呢？混战中，调解员拨打了110，五分钟后警察来到了现场控制局面。

周彬媳妇：自从我俩结婚，他的几个姨我从来都没有见过，昨天来了两个人，骂我妈呢，我都不认识她，她在那儿破口大骂，我肯定要还击了。

周彬：打我媳妇儿的脸了。

周彬媳妇：打我啊，我看在周彬的面子上，我都没敢还手。

调解员：你们今天打架怨谁？如果你少说一句，他少说一句，根本就打不起来，谁不是爹娘父母养的？

三女儿：是。

调解员：你们的恩怨都解决不了吗？你儿子结婚的时候他姨不来，街坊邻居当面不说，背地里不捣你的脊梁骨吗？孩子的姨不来，你俩做得到位吗？三姐，你做得到位吗？这是你娘啊，就像你刚才说的，年轻的时候没有指望她，老了也不指望她，就你这么直的脾气，能把儿子教好吗？你们丢人不丢人？有一个知道丢人的话，你们就走不到这一步。老弟，你是个男人，没有你老岳父了，你是唯一支撑这个家的人，全靠你在中间周旋呢，但是你这是解决问题的方法吗？

解说：在调解员的劝说下，双方的情绪稳定了下来，并表示不会再动手。那么老人的赡养问题最终能得到妥善安置吗？女儿们之间的矛盾又能否化解呢？

调解员：其实现在来说，咱不管老人做得怎么样，毕竟她现在老了。而且你父亲怎么样去世的，你们心里明镜似的。有几个老人不想活？老婶，说实在话你一辈子很委屈，可是你换来的是啥？你换来的是你的妞们打架，一

叩开幸福之门

人拿铁锹，一人拿刀。这就是你当老人领的这个家。你只知道把她们生出来养大，你不知道怎样去教育孩子。

解说：调解员劝说三女儿、女婿能为了老人退一步，希望他们重新让老人回到这个家。但是老人提出要单独生活，并说他们的村子现在面临拆迁改造，村里发的搬迁费四万元钱，老人要求拿回属于她自己的那份钱。

调解员：她就要求她个人的那一份就行了，老太太要求得不多，你的闺女、儿子不参与分配，你们两口和老太太你们三个来分。

张先生：给你五千块钱，你先花着。

调解员：那不行，在法律上来说，她要求的只是自己那一份，这是合理合法的。

解说：最终在调解员的劝说下，张先生同意将拆迁所得的四万元钱给老人八千元，老人也表示同意。后来调解员还提出，拆迁之后所得的房产，老人、老人的三女儿、三女婿、老人的外孙、外孙媳妇儿五人平均分配。

调解员：我现在就问你一句话，将来以后这个房产是准备让六个闺女分呢，还是说你准备只给一个人？

周彬姥姥：我打算充公，谁也不给，不让打架。

调解员：充公？

周彬姥姥：嗯。

调解员：其实大娘说这一句话我心里很不好受，六个姑娘，为啥充公都不愿意给你们？你们姊妹们都是姑娘，还打成这样，如果是儿子的话，是不是老娘都死了？老太太，你也别充公，你认为咱队上有没有你比较相信或者对你比较好的人，有没有？

周彬姥姥：他们都不敢理我啊。

解说：事情闹到这个份上，原本的亲情似乎已经荡然无存。老人最终的归宿问题又将如何解决呢？

调解员：谁对你最好？

周彬姥姥：就是这俩小女儿，其他几个都没来过，都不认娘。

调解员：就这俩闺女好？

周彬姥姥：嗯，就这俩来的次数多。

解说：老人说，愿意接受五女儿、六女儿的照顾，对此老人的五女儿、

第3章 老吾老以及人之老

六女儿表示赞同，张先生也表示赞同。同时，张先生提出了一个条件，就是要和老人的其他子女断绝关系，不再有任何来往。

张先生：有那份孝心了，我到时候去看看她，给她点钱。我没有孝心了，就算不去，她也不会说我。

调解员：对啊，老三不再掺和了，你们同意不同意？

五女儿、六女儿：同意，同意。

调解员：你们愿意认识了，见面打个招呼，不愿意认识了，你们就当谁也不认识谁，井水不犯河水，不要再这样吵吵闹闹了。

解说：最终协议虽然达成了，但是我们的心情依然很沉重，老人养育了六个女儿，最终却落到了如此地步。我们不得不说，作为儿女，怎么能够因为房产和母亲闹到如此地步呢？试问，午夜梦回，你们就不觉得羞愧吗？

记者　于志宽

点 评

问题解决了，伤害并没有解决，恩情亲情都被破坏了。跌倒不可怕，可怕的是跌倒后不肯站起来，亲情就难以修复了。

上门女婿也是一家人，自己不要拿自己当外人，你先计较了，大家的距离就都远了。其实做上门女婿，关系处得好，比亲儿子还好做人，因为没有婆媳矛盾。

父母对儿女们的要求并不高，既不是要吃山珍海味，也不要住别墅洋房，他们期盼的仅仅是儿女常回家看看，换季时买件衣服，电话里一句暖心的问候。孝敬父母等不得，也不能等，一转眼儿女就可能遗憾终生。

至于孝敬父母的最好方法，我认为，你是怎样爱你的孩子，你就应该怎样爱你的父母亲。

百姓评论员　许蔚虹

 叩开幸福之门

老人为了晚年有所依靠,便让三女儿招了上门女婿。据三女婿说双方签有协议,根据《中华人民共和国继承法》第三十一条:"公民可以与抚养人签订遗赠抚养协议,按照协议抚养人承担该公民生养死葬的义务,享有受遗赠的权利。"老人夫妇与三女儿、三女婿签订遗赠抚养协议,双方形成了一个家庭,但后来因矛盾分了家,形成了两个家庭,视为双方对遗赠抚养协议终止。老人夫妇有六个女儿,六个女儿都有赡养老人夫妇的义务,也享有继承老人夫妇财产的权利。

几年前,老人丈夫喝农药自杀去世,根据《中华人民共和国继承法》第二十六条:"夫妻在婚姻关系存续期间所得的共同所有的财产,除有约定的以外,如果分割遗产,应当先将共同所有的财产的一半分出为配偶所有,其余的为被继承人的遗产。"分家后老人遗产应首先将共同所有的财产的一半分出为配偶所有,其余的为被继承人的遗产。根据《中华人民共和国继承法》规定老人六个女儿享有平均分配老人遗产的权利,如果是因三女儿不孝顺导致老人死亡,根据《中华人民共和国继承法》规定可以剥夺其继承老人遗产的权利。

现老太太因名下房产拆迁被三女儿、三女婿赶出,不让其居住,不仅是极不孝顺,也是对财产权利的侵犯,老太太提出死后房产充公,也就是归国家所有,根据《中华人民共和国继承法》第十六条"……公民可以立遗嘱将个人财产赠给国家、集体或者法定继承人以外的人"的规定,老太太可以立遗嘱将个人财产赠给国家所有。老太太愿意接受五女儿、六女儿的照顾,对此老人的五女儿、六女儿表示赞同,子女都有赡养父母的义务,但老太太与五女儿、六女儿不形成前面的遗赠抚养协议,老太太可以通过遗嘱约定财产由尽赡养义务的五女儿、六女儿继承。

河南方邦律师事务所 袁明红律师

第 3 章 老吾老以及人之老

◎ 本是同根生　相争何太急

本是和睦的家庭，却因为房子产生矛盾。拆迁在即，她竟要与母亲平分房产。已经年近八十的张老太，辛苦将六个儿女养大，本应该安享晚年，却因为房子的问题，闹得不可开交。到底是为什么呢？

张老太：我三妞要房。

调解员：所有的房子都要还是说只要属于她的那一份？

张老太：她的那一份给她，她嫌少，她要和我平分，她要一半房产。

解说：按照法律规定，张老太在老伴儿去世以后，享有房产一半的继承权，由于大女儿已经去世，应该由六人平分另外一半房产。可是现在三女儿秋菊一个人就想要一半，与其母亲平分房产，张老太的其他子女并不同意。

二姐：按照《中华人民共和国继承法》，该给她多少给她多少，现在我妈和我弟住，她手里一点钱都没有。我们姊妹几个兑钱，把她那一份给她，先把这个问题解决了。

调解员：你们姊妹几个这一份呢？让给你弟了？

二姐：我们都愿意给我妈和我弟，因为他们没有地方住，也没有一点钱，我弟弟又没结婚，我们不能让他住大街。

解说：为了报答母亲的养育之恩，为了兄妹之间那一份亲情，现在除了老三，另外几个兄妹的意见已经统一了，就是将房子让给自己年迈的母亲和已经四十多岁仍然没有结婚的弟弟。但老三为什么坚持要一半房产呢？

调解员：你妈说了，你想要一半房产，对不对？

秋菊：这个房子是我出钱盖的，为此我欠了很多账，这些账都是我一点一点从牙缝里抠出来还的。

解说：秋菊说，当时房子全部是自己花钱盖的，欠款也都是自己还的，对于这一点，二姐并不认可。

二姐：当时盖房子的时候，咱爸身体不太好，是以咱大姐为主，什么事都是找咱大姐。

秋菊：当时盖房的时候，是我找咱姐盖的房子。

二姐：你那个时候还小，还没有结婚呢，你进厂才几年？你有那个能力没有？

解说：秋菊的二姐说，当时盖房子的时候，秋菊才二十岁，根本没有能力拿出那么多钱，当时全是大姐一手操办的。而秋菊却说当时是她自己借钱为家里盖的房子。

秋菊：我当时借厂里的钱，你也在这儿呢，我俩一块儿去借的，咱说话别昧良心。去借钱的时候，是不是咱俩一块儿去的？

二姐：我不知道，我没有印象了。

调解员：有这事没有，二姐？

二姐：没有印象，真的没有印象。

解说：这姊妹俩谁也说不清楚，现在一手操办房子事情的大姐也去世了，那么这钱到底是不是秋菊出的呢？

调解员：这么多年前的事你能拿出证据不能？

秋菊：我有证据。

调解员：你现在把证据拿出来。

解说：秋菊没有任何证据，只是口口声声说全是自己掏的钱。这显然并不能让众位兄弟姐妹信服。

调解员：你为这个房子付出太多了，现在不给你，你心理不平衡，是不是？

秋菊：如果是你们，心理平衡不平衡？

调解员：你有没有想过，坐在你身边的几个人都跟你是什么关系？从咱俩一见面，你一直都提你的功劳，你为这个家的付出。你付出了，难道他们都没有付出？现在你妈八十多了，你大姐不在了，你小妹离婚了，你弟弟至今没有结婚，你妈心里啥滋味？你妈现在还活着，八十多了，躺到床上，几个人不去管你妈，反而在这儿讨论房子呢。

第3章 老吾老以及人之老

秋菊：不是我不管她。

调解员：这一段你去看过她没有？

秋菊：我去看我妈，他们都不让我进家门。

解说：秋菊说，自己想看看老母亲，尽一个女儿的孝道，没想到却遭到了众位兄妹的阻挠。

调解员：二姐，有没有不让她去看你妈？

二姐：为什么不让她去看妈？家里一个人没有，就妈自己在家呢，她写个条子，上面也不知道是啥内容，让我妈按手印，因为这我才不让她见我妈。

调解员：现在知道不知道什么内容。

二姐：不知道。

秋菊：就是叫俺妈证明一下，当时我跟我爸商量盖房子的事儿。

调解员：为什么不让姊妹几个在一块儿光明正大地处理这事儿呢？

秋菊：他们都不让我去。

解说：姊妹几个再次争吵起来，在诸位兄妹的眼中，自己的三姐为了房子已经丧失了理智，甚至逼迫年迈的母亲。

调解员：我想问问你，三姐，你觉得是房子重要还是亲情重要？

秋菊：要有亲情，他们会这样做吗？

调解员：你不好好反思反思你自己？到现在为止你除了房子就是钱，亲情薄如一张纸，房子值千金啊！你能不能退一步？好好想想，冷静冷静。

解说：在百姓调解员的劝说之下，秋菊终于冷静下来。现在她的头脑之中亲情与房子进行着激烈的碰撞，亲情、房子、房子、亲情，她最终会选择哪一个呢？

调解员：你妈要是知道你们现在因为这一套房子在这儿闹别扭，还不如从小就把你们掐死，也不用现在有这么大的麻烦。都说养儿防老，现在不但没有防着老，还让你们姊妹几个争，你们在这儿争啥呢？你也别嫌我说话难听，你太自私了。

秋菊：（大哭）我怎么自私了？总共84平方，我要40平方，那44平方算我妈的，我妈将来百年以后给我弟，他们要的话就要，不要的话，她想给谁，这是她的事。

调解员：三姐，你说你要一半，这不合理。

秋菊：为什么不合理？我妈又没掏钱，我掏的钱，为什么我不能要一半？

调解员：你讲理不讲理啊？都是一个爹一个娘生的，闹成这样有意义吗？

秋菊：一个爹、一个娘生的，当时是我掏钱盖的房子，我不能要一半吗？

调解员：你掏钱盖的房，你是这家的妞，你有这个义务，你也有这个能力，是你应该的。

秋菊：我借钱盖的房子，钱也是我还的，我不应该要吗？这个事儿说不成。

解说：不管百姓调解员如何劝说，秋菊始终坚持自己的意见，并声称40平米是自己的底线。至此，她已经彻底地放弃了亲情。

调解员：你若是不顾及一点亲情，走到法庭上，可以说你就没有任何东西了，你除了房子、除了钱，没有任何东西。

老六：咱们现在还有亲情，如果上法庭，那就是司法无情了。咱的身体里面流着一样的血，你知道不知道？

秋菊：流着一样的血，都变质了。

解说：没有了亲情，剩下的就是无尽的争吵，秋菊最终没有让步。她这种不合理的坚持最终导致的结果就是与自己年迈的老娘、与一起长大的兄妹走上法庭。希望秋菊好好想想，如果你的世界没有了亲人，给你再大的房子再多的钱，你幸福吗？

记者 陈 冉

点 评

同样是一家人，差别怎么就这么大呢？

第3章 老吾老以及人之老

> 老三这是在利用家人的善良。她到现在还认死理，坚决上法庭，法律可没有你的亲人这么软弱和宽容，法律是要看证据的，没有证据，她可能是竹篮打水一场空，人财两失。
>
> 人生还长，千万别把自己的路走窄走绝了。
>
> 百姓评论员　许蔚虹

本案是一起继承纠纷，根据《中华人民共和国继承法》的规定，秋菊的六兄弟姐妹与其母亲是同一顺序的继承人。七人共同分割秋菊父亲的遗产即房屋的一半。因秋菊的大姐已经去世，应由其大姐的子女继承其大姐应继承的部分。秋菊称房屋是由其一人出钱建造的，没有证据证实，其他人也不承认，其主张不会得到法院的支持。

"本是同根生，相煎何太急。"继承人之间应互谅互让，不要因为财产而伤了亲情。

附：《中华人民共和国继承法》

第九条　继承权男女平等。

第十条　遗产按照下列顺序继承：

第一顺序：配偶、子女、父母。

第二顺序：兄弟姐妹、祖父母、外祖父母。

继承开始后，由第一顺序继承人继承，第二顺序继承人不继承。没有第一顺序继承人继承的，由第二顺序继承人继承。

本法所说的子女，包括婚生子女、非婚生子女、养子女和有扶养关系的继子女。

本法所说的父母，包括生父母、养父母和有扶养关系的继父母。

本法所说的兄弟姐妹，包括同父母的兄弟姐妹、同父异母或者同母异父的兄弟姐妹、养兄弟姐妹、有扶养关系的继兄弟姐妹。

第十五条　继承人应当本着互谅互让、和睦团结的精神，协商处理继承问题。遗产分割的时间、办法和份额，由继承人协商确定。协商不成的，可以由人民调解委员会调解或者向人民法院提起诉讼。

河南方邦律师事务所　盛海亮律师

第4章
可怜天下父母心

◎ 认子风波
◎ 妈妈　请别丢下我
◎ 爸爸　我要站起来
◎ 父女"暗战"

The Mediation For People

A Program to Knock on the Door of Happiness

第 4 章　可怜天下父母心

◎ 认子风波

一个是孩子的生身父亲，一个是孩子的继父，究竟跟谁一起生活让15岁的龙龙陷入了两难的境地。俗话说血浓于水，血脉亲情是怎么都无法割断的。可是，事实真是如此吗？

解说：中年的孟女士给我们打来求助电话，她的女儿已经离婚15年了，15年来都是作为姥姥的孟女士一直带着外孙龙龙。可是没有想到的是，几个月前，龙龙父亲的突然出现让他们本来平静的生活不再平静。

调解员：他俩离婚的时候，孩子多大了？

孟女士：一个月多点。

调解员：当时是因为什么离婚的？

孟女士：我这个妞不爱说话。

孟女士丈夫：按法律规定，孩子一个多月，男方就没权利离婚。

调解员：对。

孟女士丈夫：女方不起诉，他就不能立案。他逼着我女儿离婚。

解说：孟女士的女儿小芬和前夫离婚之后，前夫很快就结了婚，但是对于小芬而言，不满一个月的孩子却成了一个难题。由于龙龙上学没有户口，所以考虑再三后，小芬也再次成立新的家庭，与现在的丈夫栋梁结了婚，栋梁也接受了这个与他没有血缘关系的孩子龙龙。不久小芬给丈夫栋梁也生下了一个儿子，对于现在的这个女婿，老人很满意。

调解员：现在闺女和这个丈夫俩人过得怎么样？

孟女士：他如果不出去挣钱我们这几口就没法生活。

调解员：孩子的亲生父亲这么多年管过没有？

孟女士：没有。

调解员：他给孩子拿过抚养费没有？

孟女士：他拿了9000块钱。

解说：孟女士说，由于小芬第一次婚姻的失败对她的身心造成了很大伤害，不久后她就患上了强迫症。随着病情的加重，如今她也失去了生活自理能力。这15年来，一直都是龙龙的继父和他们老两口在照顾着孩子。可是没有想到的是，15年后，龙龙的亲生父亲却突然出现了，并且还要把龙龙的户口迁回老家。这是怎么回事呢？

孟女士丈夫：我们根本就没有和他联系过，他也不愿意见这个孩子。现在孩子大了，上初中了，长大成人了，他直接去找孩子了，目的就是让孩子回去。

调解员：我觉得这也很正常。

孟女士丈夫：他的父亲有私心，现在农村的土地值钱了，农村的户口也宝贵了，他的目的是想让这个孩子回去得一份地。

解说：对于龙龙父亲的想法，老人说他们也并不反对，可是还没有多久，却又再次发生了新的情况，给龙龙也带来了很大的伤害。

孟女士丈夫：他的亲生父亲来找了龙龙以后，对俺这个外孙的思想影响很大。

调解员：当时把龙龙带走了没有？

孟女士：没有。

调解员：没有带走，但是他把孩子的真实身世给孩子说了，先后找了孩子几次，孩子心动了。

孟女士丈夫：孩子心动了，也就没心上学了。

解说：亲生父亲的出现让正值青春叛逆期的龙龙全乱了，从心理到情绪的巨大变化让龙龙很快就厌烦了上学。龙龙父亲小刚想把龙龙带走，两位老人也并不反对，然而让老人没有想到的是，龙龙的父亲却又反悔了。这又是怎么回事呢？

调解员：你亲爹来找你干什么？

龙龙：他说让我回去呢，户口迁到他那儿。

第4章 可怜天下父母心

调解员：你也想长期回去，是吧？

龙龙：就是啊。

调解员：你为啥又回来了？

龙龙：他又不让回去了。

孟女士丈夫：他这个爸爸（继父）给他买的房子，18万买的房子，可是谁知现在呢，继父买的房子又不给他了，那边又不让回去，不管了。

孟女士丈夫：现在把这个孩子搁到这儿了，天不收地不留。

解说：亲生父亲突然出现，让龙龙似乎感受到了一些父爱。可父亲的突然变卦，一下子让龙龙陷入了绝境。龙龙说，其实他的继父对他很好，可是正是因为这个事情，继父对他改变了态度，让他不知所措。到底他应该跟着哪位父亲？龙龙一下子陷入了两难的境地。

调解员：孩子，你心里有什么想法，给我说说。

龙龙：他如果让我回去，我就回去。

解说：龙龙心里也不清楚到底是什么原因，亲生父亲会再次把他推出门外。可是此时令我们意想不到的是，坐在旁边的龙龙的母亲突然说话了。

龙龙母亲：我有个要求，就是不同意我大儿子龙龙和他亲生父亲生活。

解说：之前龙龙的姥姥说，自从小芬和前夫小刚离婚之后，她就变得寡言少语，精神也不正常。可是却没有想到她会突然说出条理非常清晰的话来，她接下来又会说些什么呢？

调解员：你现在是不是身体不太好啊？

龙龙母亲：不好。

调解员：哪儿不舒服？

龙龙母亲：精神上有强迫症，一看见水总认为很脏，生活非常困难。

调解员：除了精神上有问题，你会走路吗？

龙龙母亲：行动困难。

调解员：你的手握这么紧，是怕谁碰你的手？

龙龙母亲：对。

孟女士：你碰到她了，都需要去弄个毛巾打湿给她擦擦，她就是这种古怪病。

调解员：你的手能伸开不能？我不碰你的手。

龙龙母亲：不想伸。

孟女士：三年了，她没沾过床，就总是坐在那儿。

调解员：就没有睡过，一直在那儿坐着？

孟女士：她不敢睡，一睡着就尿床。

解说：第一次婚姻的不幸给小芬带来了很大刺激，在她的心里成了一个心结和阴影。虽然她和现在的丈夫栋梁结了婚，可是她还是没能摆脱第一次婚姻带给她的伤害。调解员和她进行了心与心的交流，希望她能够把内心这么多年的委屈和积怨释放出来，缓解精神上的压力。

龙龙母亲：我就想知道，为什么承诺我的没有做到？刚结婚几个月就和我离婚，把我和孩子都抛弃了，我受不了这种打击和刺激。

调解员：你（现在的）老公对你好不好？

龙龙母亲：一言难尽，第二次再婚我又生了个男孩子。

解说：小芬虽然对第二个丈夫心存感激，但是我们也听得出来，她对栋梁也有不满意的地方，所以这几年她的话也是越来越少，就连最亲的人她也只字不说。

调解员：栋梁在生活上不怎么关心你，你想过没有，是不是因为每天他也很累啊？

孟女士：栋梁他很累。

调解员：刚才你妈给我说，他两天挣了一千块钱。可想而知，他出去付出了多少劳动，那是多么苦的一个差事。他为了谁？不还是为了这个家吗？

龙龙母亲：我知道我应该理解他作为男人的辛苦。可是我有病，确实很痛苦，这是由我一个人承受的，谁也不能代替我。他经常骂我"该死不死的"。

解说：正在此时，小芬的丈夫栋梁也闻讯从外面赶了回来。看着栋梁的衣着打扮，我们着实感动。一见面，栋梁就感激岳父岳母对妻子、儿子的照顾，对于给大儿子买的这个房子，他也直率地说出了他的内心看法和担忧。

龙龙继父：他亲爹去年来了一趟，我心里凉半截，我说这几年的心血……

解说：听了栋梁此时的想法，我们也能够理解他作为继父的不易。但同时调解员也希望栋梁不要再骂妻子了，让小芬的心里能够有些安慰，并让栋梁对妻子多一些关心和理解。

第4章 可怜天下父母心

调解员：你老婆说了两个要求。第一，以后你回来再苦再累，不要对着她发牢骚，不要骂她；第二，就是嘴巴甜一点，安慰妻子两句，嘘寒问暖地给她说两句贴心话。她身体慢慢地好了，对咱整个家庭也好，是不是？

龙龙继父：嗯。

调解员：老婆对你的这两点要求你能做到不能？

龙龙继父：能。

调解员：现在老公拉着你的手，你嫌老公的手脏吗？

龙龙母亲：可以去洗洗手再拉。

调解员：对老婆说两句推心置腹的话，保证以后回来不再骂她了。

龙龙继父：以后尽量不会再骂你了。

调解员：妞，我问你，刚才老公给你说这一番话，你高兴不高兴？

龙龙母亲：高兴。

解说：看到小芬的心结慢慢打开，调解员很高兴。对于之前提到的龙龙和他的继父栋梁之间的关系问题，到底该如何解决呢？栋梁说出了自己的看法。

龙龙继父：他爹要承认有这个孩子，孩子结婚，他也要拿钱。我们给孩子买了房子，叫他亲爹拿个结婚钱就行了，不让他从中来回掺和，不要让孩子的心理再受到任何创伤了。

调解员：行，不错，你这个态度阿姨非常支持你，我觉得你能做到这一步，确实是不错了。

解说：了解了栋梁的想法，调解员再次和龙龙进行沟通，希望他能够体谅母亲的苦衷和继父的担忧，也希望他能够好好地对待他们。

调解员：你妈之所以之前一直不说话，不等于她没话说，她的话一直都在心里压抑着呢。孩子，我劝你以后多跟你妈聊聊，跟你妈沟通沟通。比如说今天出去干啥活了儿，遇到什么高兴的事了，或者说心里有什么想法了，跟你妈多交流交流，行不行？

龙龙：行。

调解员：你继父对你也操碎了心，也出了这么多力，你今年才十五六岁都把房子给你买好了，你说你继父对你好不好？

龙龙：好。

调解员：你长大是不是应该加倍地对你的母亲和继父好，孝敬他们两个?

龙龙：嗯。

调解员：对于你亲生父亲，你有啥看法，给我说说。

解说：当调解员提及龙龙的去留时，却没想到龙龙一下子沉默了。调解员看得出来，龙龙似乎对亲生父亲依然有些不舍。可是龙龙的亲生父亲又是否会接受龙龙呢？是否愿意承担龙龙以后的抚养责任呢？我们来到龙龙亲生父亲小刚的家里，让我们失望的是，我们并没有见到龙龙的亲生父亲。问周围邻居得知他们一家人外出了，随后调解员拨通了他的电话。

龙龙父亲：孩子的抚养费我出了，我中间可以探视孩子，这没有一点错，对不对？

调解员：小刚，你听我给你说。不管怎么说，这些年他姥姥、继父把他养大了。这是你自己的儿子，毕竟你还得对他们有一种报恩的心。

龙龙父亲：她（龙龙母亲）应该养大，都离婚了，我还管他干啥？

调解员：你离婚了，儿子是你的亲生儿子，你知道不知道？儿子是你的儿子还是栋梁的儿子，你说？

龙龙父亲：法院判了，我给她拿钱了，对不对？

调解员：你认为9000块钱能使一个孩子长大吗？

龙龙父亲：我拿出来了9000块钱，她也应该承担抚养责任，是吧？

调解员：他们把孩子已经抚养得树大人高了。

龙龙父亲：行了，行了，（孩子）给他继父了，他抚养是应当的。

解说：面对调解员的劝说，小刚一点也听不进去，坚持说和龙龙没有任何关系，也不承认自己对龙龙有抚养的义务。对于之前的看望龙龙的事情，他又作何解释呢？

调解员：房子他继父给他买了，将来儿子的生活以及他的婚姻问题，你出面给他解决了，怎么样？

龙龙父亲：我不管，我的孩子我还管不住呢。

调解员：你当父亲的，你就没有关系了？如果你不去那儿撺掇，会发生今天这个事？你说是这个道理不是？

龙龙父亲：我本身也没打算去看孩子，还是她说让我去看孩子的。

解说：我们并不清楚小刚之前为何突然要让龙龙回家，现在又坚决不要

第4章　可怜天下父母心

龙龙，到底是何原因？但是对于龙龙来说，他到底何去何从呢？这样几经周折，最终的结果让我们不得不担心龙龙是否能承受得了。调解员再次拨打了龙龙继父栋梁的电话。

调解员：他的亲生父亲现在是坚决不要龙龙了，现在龙龙不仅是房子你要管，而且以后你可能还得负责到底，咱不能让孩子在中间受太多委屈，行不行？

龙龙继父：那咱该管还管。

调解员：龙龙，刚才你亲生父亲在电话中说的话你可能也听到了，他就没有打算再对你额外承担义务。我希望这个事对你来说不要变成坏事，应该是一件好事，它应该让你尽快地成长起来，让你尽快地成熟，勇于替自己的继父，替自己的姥爷、姥姥，替自己生病的母亲，早一点承担起责任，懂点事。

记者　贾　凡

点评

一个人如果丧失了良知、丧失了责任心，无论什么样的血缘关系，都是白搭。

龙龙的生父就是这样一个人，硬着心肠抛弃了妻子、孩子，像甩包袱一样把他们扔掉，任凭他们自生自灭，这是对妻子和孩子的残害和虐待。这样的人，根本就不要指望他一夜之间变成好心人。

同时，小芬和龙龙又是幸运的，因为栋梁是个难得的好男人，遇上他，他们娘俩儿基本上就算有靠山了，那就安心过自己的日子吧。

百姓评论员　许蔚虹

 叩开幸福之门

　　我国的离婚率一直居高不下，严重影响了社会的和谐发展。离婚及再婚引起了一系列后续问题。本案中主要涉及离婚后子女与生父母之间的法律关系，及再婚后继父母和受其抚养教育的继子女间的法律关系。

　　根据《中华人民共和国婚姻法》第三十六条规定"父母与子女间的关系，不因父母离婚而消除。离婚后，子女无论由父或母直接抚养，仍是父母双方的子女。离婚后，父母对于子女仍有抚养和教育的权利和义务。"本案中龙龙亲生父母离婚时，龙龙被判给了母亲，生父支付了9000元抚养费，但龙龙和生父的亲子关系没有消除，龙龙生父不能因此免除自己对儿子的抚养、教育义务。另外关于龙龙的生活费和教育费的判决，在必要时龙龙可以向生父依法提出超出判决原定数额的合理要求。当然龙龙生父对龙龙有探望的权利，龙龙生母一方有协助义务。但是探望如果不利于子女的身心健康，可以由人民法院依法中止其探望的权利；中止的事由消失后，应当恢复探望的权利。

　　受继父抚养教育的龙龙与继父已经形成了拟制血亲关系。根据《中华人民共和国婚姻法》第二十七条明文规定："继父母与继子女之间，不得虐待或歧视。"即拟制直系血亲的继父母子女关系与血亲关系的父母子女间的权利义务关系相同。龙龙存在双重父亲的权利义务关系，此时龙龙同时受继父及生父母三人抚养，对继父及生父母三人均有赡养义务，均是继父及生父母三人的第一顺序继承人。

河南方邦律师事务所　王丽律师

第4章 可怜天下父母心

◎ 妈妈 请别丢下我

15岁的孩子,患有先天性心脏病,在最需要妈妈的时候,他的妈妈却抛下他不见了,这是为什么?

调解员:记得妈妈的样子吗?

小彬:嗯。

调解员:多少年没见她了?

小彬:三年。

调解员:想见她?你知道你的病情不知道?

小彬:知道。

调解员:知道到哪一地步?

小彬:会导致休克。

罗先生:他已经休克过好几次了,走两步腿就软了,然后就躺到地上了。

解说:在向小彬的父亲罗先生了解情况的时候,一旁的小彬已经开始站不住了,仅仅不到十分钟的时间,小彬已经感到累了。据罗先生讲,几天前在离这儿不远的一个村庄内见到过妻子。我们立即前往,随后经过多方寻找,终于见到了小彬的母亲梅英。

梅英:我都没办法说,你们都不知道他们快把我逼死了。

调解员:给我说说。

解说:梅英说,之前每次去给儿子看病,罗先生都很不情愿。梅英一边忙于挣钱维持生活,一边又要带儿子去看病,罗先生则不管不问。就这样坚持了将近十年。罗先生的所作所为实在是让她太寒心了,随后梅英便提出解除同居关系。

梅英:分开了以后,我自己领着孩子生活,他带人还把门市给我砸了。我唯一挣钱的地方都没有了,我领着孩子怎么过?

解说:梅英说,无奈之下只好将理发店转让,母子俩没有了经济来源。在街坊邻居的劝说下,梅英便和现在的丈夫走到了一起。

调解员:你们俩分手的时候,你把钱都给她了,以后让她把孩子养大?

罗先生:嗯,对。

调解员:2009年,她把孩子又送给你了?

罗先生:她没有直接说送给我,她说孩子回家过年呢,都腊月二十六了,她让我把孩子带走。我把孩子带走以后再也找不到她了。

解说:梅英说,想让儿子回到爷爷奶奶身边过年,然后再把孩子接过来。可是过完年之后,罗先生不同意了,还经常以为孩子看病为由来要挟梅英,让梅英拿钱。而之前罗先生说,是梅英丢下孩子就找不到了。两个人各执一词,调解员决定让罗先生过来当面对质。对于调解员的提议,梅英并不同意。调解员只好提出让梅英先见见孩子。

调解员:有这样的孩子,梅英,说实在话,很不幸,谁都想生一个健健康康的孩子。

梅英:要是能把孩子的病看好的话,我一定会带他去看。

调解员:现在如果你们不给孩子看病的话,那么孩子只能活到16周岁,自然就离开这个世界了。

梅英:他小时候我抱着他去医院看,医生已经给我说过了。

解说:调解员觉得,既然梅英和现在的丈夫已经结婚,并且已经有了孩子,那么让梅英和罗先生复合已经是不可能的事了。调解员希望梅英能和孩子见见面,听听孩子的想法。在调解员的劝说下,梅英同意让罗先生带着孩子进来。

调解员:想跟妈妈说点什么?

小彬:我想让她把我的病赶紧治好。

调解员:你从小跟着谁生活?

小彬:一直都跟着我妈。

第 4 章　可怜天下父母心

调解员：一直都跟着你妈呢，现在你爸带着你去看过病没有？

小彬：去了。

调解员：去哪儿看了？

小彬：上海儿童医学中心。

调解员：去那儿看病，医生怎么说的？

小彬：医生说我这个病可以治好。

解说：孩子只是知道自己生病了，需要看病，却不知道病情已经发展到哪种地步了。对于孩子的看似很简单的要求，梅英能同意和罗先生一起去给孩子看病吗？

梅英：只要能看病，不管花多少钱，我都给他拿，对半拿。

梅英妯子：但是他得把孩子的病看好，我不能说把钱给他，他把钱花掉，再也不管孩子。

解说：梅英告诉调解员，孩子的病已经看不好了，罗先生之所以这么做完全是为了诓她的钱。针对梅英的说辞，罗先生将孩子看病的病历拿了出来。

梅英：确定能看好吗？

罗先生：我要是不确定，我现在就跪到这儿，我一定把孩子的病看好。

梅英：以前你怎么没这么上心给孩子看病？

解说：梅英和罗先生为儿子的病是否能够治愈争执不下，而一旁的小彬突然扑向母亲的怀里哭了起来。我们想说，你们作为父母在此争执可曾想过孩子的感受？不管孩子的病能否治愈，作为父母都不应该放弃孩子呀！看着孩子瘦弱的身体，我们的调解员忍不住哭了起来。调解员希望梅英能够对孩子多一些关怀，毕竟血浓于水。可是话说回来，作为父亲的罗先生当初如果能够多一些担当，孩子也许还能有一个完整的家，事情也不至于发展到如今这个地步。

调解员：梅英带着孩子去看病的时候，钱丢的时候，开门市的时候，你去哪儿了？

罗先生：我也提议我们一起去北京，她非要自己去。

梅英：出去，出去！说瞎话。

梅英妯子：她带着孩子看病的时候，你去干什么了？谁管了？这会儿扑通一跪，看起来挺有父爱，挺伟大，是不是？出去，出去！

解说：罗先生的一句话惹恼了梅英的婶子，婶子执意赶罗先生出去。正当两个人争执不下时，坐在沙发上的小彬起身离开了，罗先生和调解员也赶紧跟了出去。

调解员：你为啥出来了？过来，还得跟你妈说，你们还得商量。

解说：小彬不善言谈，但是我们能看得出来，他只是想躲到一边清静一会儿，大人们的争吵让小彬无所适从。正当调解员要安慰一下小彬时，却听见屋内的争吵声，调解员赶紧走进屋内。不知道此刻梅英为什么如此激动，儿子小彬有心脏病，不能过于激动，然而作为母亲的梅英却没有给孩子一丝关怀。调解员劝梅英进里屋冷静一下，随后将小彬带到屋内，让有病在身的小彬在屋内好好休息一下。

小彬：我就这一个愿望，就是把我的病看好。

梅英：我也没地方住，等我有钱了，你放心吧，我给你说的话你都记住。

解说：听着梅英说的话，调解员觉得有些矛盾，一边说让罗先生带着孩子去看病，她出一半的钱，一边又说家里什么都没有，很穷。不管罗先生以前怎么样，毕竟现在他的态度是诚恳的。俗话说浪子回头金不换，为什么作为母亲的梅英不能和罗先生一起去给孩子治病呢？

调解员：我现在是这样考虑的，下一步让他带着孩子去上海看一下。如果医生接纳孩子了，给孩子开了住院证，只要他拿回来证明，给你打电话，你随时得接他的电话。看住院费大概是多少，如果是十万，他拿六万，你拿四万，行不行？

梅英：行。

调解员：如果医生不接纳孩子了，那么我希望你们两个尽到一个父亲、母亲的责任，听见了没有？

解说：在调解员的劝说下，两个人都同意了调解员的建议。罗先生答应带小彬先去医院诊断，等结果出来以后双方再坐下来协商。临走前，我们看到梅英拉住儿子小彬，给小彬二百块钱。

梅英：别给他（罗先生），自己买点东西吃。你已经大了，都快和我一样高了。

第4章　可怜天下父母心

解说：看着瘦弱的小彬，调解员再次流下了泪水，我们无法表达此刻的心情。本想带着孩子来寻找母爱，却不曾想让孩子看到了父母的争执，这是我们的遗憾。临走前，调解员再次嘱咐罗先生多给孩子一些温暖，好好地对待孩子，希望父母能够多给孩子一些关爱，不要为了金钱而去争执。不管孩子将来走到哪一步，作为父母都不要放弃孩子。

记者　常冰欣

点评

　　母亲过去尽过心，父亲现在正出力。可是这两个人因为性格不合拍，没法相处，各人只看对方做得不够的地方。于是两个人打起了太极，孩子成了他们闹情绪的出气筒，看病的事被耽误了。他们对孩子基本上就是互相推诿，这是放弃孩子的状态，作为父母，这是令人不齿的。

　　妈妈虽然有了新的家庭和生活，相信她不会轻言放弃，只是碍于一个没有信用的男人一直在插手，才不愿冲到前面。

　　可是无论如何，你们给不了物质，能不能给孩子点爱心和陪伴呢？小彬生这样的病已经够可怜了，生活质量就没法要求了，他只是想活着，给生命一点尊严而已。亲生父母的这个态度，令他受到更严重的打击，父母连最起码的人道都没有了，又何谈父爱母爱？

　　不要怕付出，施比受更为有福。

　　衷心盼望小彬随着年龄的增长能慢慢强壮起来。

百姓评论员　许蔚虹

 叩开幸福之门

法律解析

　　从法律层面上讲，抚养未成年子女是父母的法定义务。父母对未成年子女的抚养是无条件的，在任何情况下都不能免除。抚养是指父母抚育子女的成长，并为他们的生活、学习提供一定的物质条件。也就是说，父母必须从物质上、经济上对未成年子女进行养育和照料，使子女身体能够健康成长。父母不得虐待、遗弃未成年子女，不得歧视女性和有残疾的未成年人。本案中梅英的行为已经违反了《中华人民共和国婚姻法》、《中华人民共和国宪法》、《中华人民共和国未成年人保护法》的相关法律规定。

　　父母对未成年子女的抚养义务是无条件的，必须承担。当父母不履行义务时，未成年子女有向父母追索抚养费的权利。抚养费用包括子女生活费、教育费、医疗费等费用。因追索抚养费而发生的纠纷，可由有关部门进行调解，子女或其近亲属可以向法院起诉，要求人民法院依诉讼程序处理。

河南方邦律师事务所　黑慧敏律师

第4章 可怜天下父母心

◎ 爸爸 我要站起来

儿子下肢瘫痪四年竟然无钱医治,父亲将儿子治腿的钱30余万挥霍一空。这究竟是怎么回事?

解说:几天前,我们接到了家住郑州柳林大河村的小牛的求助电话,他说自己下肢瘫痪已有四年时间了,而造成这一切的人,竟是自己的亲生父亲。这到底是怎么回事呢?

小牛:我从来都没有下过床。

调解员:我扶住你,能不能走两步?

小牛:不能。

解说:刚满20岁的小牛双腿无法并合,已经四年没有下过床了。看着可怜的孙子,小牛年过七旬的奶奶控制不住情绪伤心地哭了起来。

小牛奶奶:他爹不孝顺,把我的钱都花完了。

调解员:你看大娘瘦的,按照她这个年龄,不应该这么苍老。

解说:小牛的母亲在小牛一岁时便精神失常,不知去向。可正值壮年的小牛父亲又为这个家做了什么呢?这个时候,小牛的父亲牛国立回来了。

调解员:爸爸是一个什么样的人?

小牛:我爸爸很懒。

调解员:(转向小牛爸爸)今年多大岁数了?

小牛爸爸:我今年44(岁)了。

调解员:44(岁)正是年轻力壮的时候吧!

解说:原来,小牛父亲唯一的手艺便是放三眼铳,除此之外,牛国立在村中游手好闲是出了名的。当他看到儿子受伤瘫痪时，又是怎么做的呢？小牛告诉我们，这四年当中，父亲就住在隔壁屋内，但是从来没有照顾过自己，没给过自己和奶奶一分钱，甚至还盯上了奶奶辛苦拾来的废品。

小牛：赚的钱自己花了，我奶奶拾的废品，攒得多了，我爸就卖了以后买酒喝。

调解员：大哥，你吸一盒烟，你妈可能一天就得弯三十次腰或四十次腰，你还拿这钱买酒喝，你能对得起自己的良心不能啊？

解说：听到这里，调解员有些气愤，可接下来小牛说起了自己的受伤过程，听完之后，调解员彻底震惊了。

调解员：你什么时候受伤的？

小牛：2008年7月。

调解员：看过病没有？

小牛：看过，当时包工头说能给我看好。可没过两天，我爸就把我从医院拉回来，他好像为了钱，出去找女人。

解说：小牛说，自己在打工的工地摔伤后被送往医院，昏迷了四个多月。期间进行了颅脑手术，并在胯部植入了钢板，可狠心的父亲却在小牛还处于重度昏迷时期与工地达成了协议，将昏迷的小牛从医院接了出来，并将巨额的赔偿金挥霍一空。世上竟有这样狠心的父亲，置亲生儿子的性命于不顾。小牛在家中继续昏迷了三个多月才苏醒过来，腿中的钢板至今已经存在了四年之久仍未取出。

小牛：我爸根本就不管我，腿上的钢板也不给我取。

调解员：这里面还有钢板？

小牛：这个腿不能打弯，不取掉两条腿就不能并住。

解说：小牛告诉我们，自己家的小院临街设有几个出租摊位，每个月的租金加上父亲隔三差五出去放炮得的钱，已经足够为自己动手术取出钢板。可是父亲却只知道吃喝嫖赌，根本不顾自己和奶奶的死活。小牛的奶奶向我们哭诉说，儿子牛国立经常打骂自己，但牛国立却矢口否认，到底是谁在撒谎？我们向小牛了解了此事。

调解员：他平常打过你奶奶没有？

小牛：打过。

第4章 可怜天下父母心

小牛爸爸：有时候喝点酒打过。

解说：仅仅是几分钟的时间，牛国立的说法就前后不一。难道喝了点酒就能成为虐待母亲的理由吗？

调解员：你作为一个大男人，四十多岁，年轻力壮的，整个村别人家都是高楼大厦，咱家过到现在这个样子，我看了之后我都觉得寒碜，假如我是你的话，我都觉得我自己看不起自己。

解说：随后我们在村委会见到了村长，提到牛国立的所作所为，村长也是一肚子的气。

村长：他好吃懒做，整天玩游戏机，那东西我都不会玩，他往那儿一坐，天天就这样拍，一天一千多，一天一千多。

解说：村长告诉我们当年小牛出事时的详细经过，一个数字让我们惊讶万分。

村长：他的孩子那时候打工受伤，赔了30万。

调解员：30万？

解说：30万，确实是一个不小的数字。但是，有什么还能比自己亲生儿子的健康更有价值呢？村长说，村委会曾经对小牛做过很多努力。

村长：我当时对他奶奶说，如果给孩子看病，家里没钱，国立是败家子，大队干部想法解决一部分，把孩子的病看好。

调解员：那现在能不能像你刚才说的，咱再继续给他帮助？

村长：可以啊，只要有人看护。

解说：村长说，只要牛国立同意在医院陪护孩子，村大队愿意出钱给小牛看病，这让我们看到了一线希望。十分钟后，牛国立来到了村委会办公室。

调解员：刚才我听村长说了，赔那么多钱，当时为啥不给儿子看病？为啥把儿子从医院拉到家？你回答我的问题，为啥不给儿子看病？你知不知道儿子就是你家的希望，儿子再过两年就真废了。你有点人性、有点良知没有啊？你输了多少钱，你还能记清不能啊？

小牛爸爸：记不清了。

解说：对于谁来护理小牛，身为父亲的牛国立又是什么样的想法呢？

调解员：村干部说，为了让孩子的一生不受影响，他们愿意共同集资给孩子看病。我想问,当初孩子出去打工的时候多大了?

小牛爸爸:15岁。

调解员:一个未成年的孩子,那么聪明,你不让他好好上学,你让他出去给你挣钱?

小牛爸爸:不是我不让他上学,是他不想上学。

调解员:你现在说的话我还能相信?哪一句我能相信?孩子就是十五六岁的时候受伤了,一直到现在他爹要钱不要命,没有给他儿子看病,连一个外人都不如。假如说你死了,没有你这个爹,我给你说现在孩子的病早好了,其他人也敢管。现在就因为你这个人存在,你天天吊儿郎当的不务正业,他们怎么去管?我给你说,要想让别人看得起,最起码咱做人该做的事,行不行?

解说:听了调解员的一席话,牛国立向大队作出了保证。

小牛爸爸:我肯定能照顾好。

调解员:做不到的话你从此以后也别给村里人丢脸,也别给你那孩子丢人,你愿意去哪儿流浪去哪儿流浪,他们情愿把你妈和你孩子当成五保户去养,也不愿意养你这个败家子、窝囊废。

小牛爸爸:我做不到了,我就跪到你这儿,跪到他奶奶门口,把头发理光。

调解员:为什么要理光头?监督你自己,是不是?

小牛爸爸:嗯。

解说:看到牛国立终于下定决心痛改前非,调解员为他和大队拟定了调解协议。

调解员:这个协议达成了:第一,自愿理成光头监督自己,一心一意照顾老人和孩子;第二,不得打骂老人,不赌博,不准打游戏机;第三,不得以任何理由和手段向村里要钱。若以上这些做不到,牛国立自愿与村里脱离关系,老人与儿子由大队管。

解说:协议达成后,我们和村干部商议决定,下午就带着小牛去看病,当我们再次来到小牛家中时,父亲牛国立已经像换了一个人。

小牛:谢谢你们。

解说:带着心中的一股温暖,带着小牛的希望,带着村干部的关切,我

第4章 可怜天下父母心

们一路颠簸来到了市人民医院精神外科就诊。

医生：整个挛缩比较重，这不是一天两天造成的。

调解员：现在像他这种情况怎么治疗会好一点？

医生：他这个阶段做治疗肯定会好一点，但是实话实说，时间有点偏长，一般像这种病号，他的最佳恢复期也就是前三个月。

调解员：关键是靠护理，医生说这是一个很漫长的过程。

医生：而且花费也不少，一天就两三百块钱。

解说：在医生的安排下，小牛住进了康复科，这样的结果让我们始料未及。

调解员：你在这儿好好听医生的话，一定不能泄气，咱现在还有希望，阿姨也没有别的送给你，送你一本励志方面的书，没事了好好看看，看人家身残志不残，是怎么改变自己命运的。

小牛：行。

调解员：你学会手法了之后多给他按摩，这样的话还有一丝希望。

小牛爸爸：可以。

解说：小牛现在需要的是漫长而昂贵的康复治疗，尽管如此，我们仍能在小牛的脸上看到充满希望的幸福笑容。

记者 吴 凡

点 评

毫不客气地说，小牛爸爸的所作所为证明他就是个人渣，是个没有信用、完全丧失了良知的人。他对待母亲对待儿子，除了利用和欺压根本没有一点爱心。虎毒不食子，可是他竟然挪用儿子用命、用腿换来的医疗费去赌博、去花天酒地，这种麻木和残忍足以送他进监狱。可是他那善良的母亲和儿子依然愿意给他机会，希望他浪子回头。

> 他目前是真心悔改的，但他会不会再犯呢？不得而知，但是至少他不能胡来了，如果再混，就不要跟他啰唆了，直接交给法庭吧！
>
> 百姓评论员　许蔚虹

法律解析

根据介绍小牛今年20岁，四年前发生事故时属未成年。根据《中华人民共和国婚姻法》第二十一条规定，父母对子女有抚养教育的义务，父母不履行抚养义务时，未成年或不能独立生活的子女，有要求父母付给抚养费的权利。同时根据《中华人民共和国刑法》第二百六十一条规定，对于年老、年幼、患病或者其他没有独立生活能力的人，负有扶养义务而拒绝扶养，情节恶劣的，处五年以下有期徒刑、拘役或者管制。小牛爸爸将小牛的事故赔偿款领取后不为小牛治病，置小牛和其奶奶的生活于不顾，情节恶劣已构成遗弃罪，应承担刑事责任。根据《关于适用中华人民共和国刑事诉讼法解释》第一条规定，遗弃案属于自诉案件的范围，如果小牛爸爸不能认识错误并很好地改正，小牛和奶奶可以自行提起刑事自诉追究小牛爸爸的刑事责任，小牛所属的村民委员会也可以支持诉讼，小牛也可以提起民事诉讼向小牛爸爸追究被领取的30万元的赔偿款。

河南方邦律师事务所　付志勇律师

第 4 章　可怜天下父母心

◎ 父女"暗战"

一对孪生姐妹，母亲去世，父亲又要与她们断绝关系，这是怎么回事呢？

文文：我爸现在不管我们两个了，还说要与我们两个断绝父女关系。

调解员：你俩平时跟谁过啊？

文文：平时和我爷爷过。

调解员：你们俩打工呢？

文文：我们俩打工。

调解员：你现在上学不上了？

豆豆：不上了。

解说：姐妹俩说，母亲去世不到三年，父亲就开始对她们不管不问了。前几天姐妹俩实在气不过就去找父亲，谁知道父亲却突然提出要跟她们断绝父女关系。

调解员：你爸现在在外面租房子，你们知道不知道？

文文：知道。

调解员：你们为什么不打电话让你爸回去？

文文：他打我舅了，我舅对我们这么好，把宅基地都给我家了，整天贴补我们，他竟然还打我舅。

老陈（姐妹俩的父亲）：他过来打我了我，就用这个胳膊一挡，打在他眼睛上了。

调解员：就因为这个搬出来了？

老陈：嗯，从搬出来我就没有再回过家。

解说：豆豆说，当时是父亲要把她们姐妹俩从家里撵出去，舅舅也是为了替她们打抱不平才与父亲发生冲突的。

老陈：就因为她妈去世了，我就不能找对象了？能不能找对象了？

文文：我现在不让你找对象了？

调解员：你找对象对闺女说了没有？

老陈：说了。

调解员：她们不同意？

老陈：让我把房子写到她俩人的名下。

文文：当时没有说必须写我们俩的名字，两种办法，选一种。或者给我们写个协议也行，意思就是他找的那个女人中途不管是离家出走还是离婚，都不能带走家里的东西。她如果是跟我爸过到老的话，他们如果再有孩子，我们把所有的财产都给她的孩子。

调解员：你们这样商量过？

文文：嗯，都同意了，下午他又反悔了。

调解员：你们俩提出这个建议是出于什么样的想法，出于什么样的考虑？

文文：害怕那个女人骗他。

解说：豆豆说，父亲是通过当地报纸的相亲板块认识的那个女人，当时那个女人从郑州过来的时候还带着一个女孩。这不知根不知底的，姐妹俩也是担心老实巴交的父亲被骗得人财两空，于是才提出那些建议。对于女儿的担心，老陈却不以为然。因为在他看来，女方也是从现实考虑的，谁再婚不是图个安稳？但再怎样也不能半夜三更把亲生闺女往外赶啊！说到这儿，调解员觉得有必要见见姐妹俩的准继母，把疙瘩解开，但谁知却得到了老陈这样的回答。

老陈：早就不来往了，她走了。

调解员：是因为两个女儿撵她才走吗？

老陈：没法住了，也过不成了，在这儿生气呢。

调解员：她这不还是不喜欢你吗？如果有感情的话她会走？单纯喜欢你的话，和你有感情的情况下，她就会说："这些东西是她妈生前留下来的东

第 4 章　可怜天下父母心

西，我不会要，我们两个再挣，挣多少是多少。"

老陈：是这个情况。

解说：对于调解员的一番分析，老陈也表示认同，既然当时这个准继母已经走了，那他们为什么还不能和好如初呢？

调解员：你有委屈，但是你也有错。首先你自己没有把这个头带好，导致你现在无家可归。两个孩子不尊敬你也好，不懂事也罢，这都是你惯出来的孩子，都怨你。如果说从小你把她俩教育得非常懂事、懂理，理解别人，难道今天她们会不理解你吗？还是你的错。

老陈：是。

调解员：愿意不愿意把这个父女之情找回来？愿意的话，怎样去找？不愿意，又怎么办？

豆豆：他如果对我们还有父女感情，他那时候卖地为什么不和我们商量？

解说：豆豆提到的事情是今年的清明节前，父亲把博爱老家的宅基地偷偷地卖给了三叔。

老陈：卖给我三兄弟了。

调解员：为什么卖给他了？

老陈：因为欠的账还不了，已经走投无路了。

调解员：你欠了多少钱？

老陈：欠了一万二。

调解员：一万多块钱就把宅基地卖了吗？

老陈：两万。

文文：我们去找他，让他把我妈的地赎回来。他说他没能力赎，要么就断绝父女关系。

豆豆：他如果和我商量了，我们哪怕把地送给他都行，俺三叔还念我好呢。

老陈：为什么没有和你商量？我在外面租房的时候，你去看过你爹一眼没有？

解说：面对女儿的指责，老陈也说出他生气的真正原因。

老陈：自从我2010年出来，她们就给我打了三次电话。去年八月十五，俩人在西大门口碰到我，连个话都不和我说。

文文：他都不搭理我，我和他说话，我不是自己扇自己脸？

老陈：从我搬出来你们和我说过话没有？

豆豆：说过，我那次问你怎么还不回家？

老陈：那次跟我说话了，不错，但是她连个"爸爸"都没有喊。

调解员：为什么你亲生父亲都不叫？

豆豆：不好意思。

调解员：为什么不好意思？

文文：他自己在一点一点地泯灭我心中的感情。

调解员：你们口口声声都是你爸的错，你们没有错？

文文：我爸说我们俩已经成年了，不用给我们俩打电话了，让我们给他打电话。

调解员：（转向老陈）说了还是没说？不要给我解释。

老陈：我记不清了，也可能说过这话。

调解员：两个孩子虽说是有20岁了，在法律上来说是成年人了，但是她们也需要父爱啊。

解说：与其说是父女之间有仇恨，倒不如说他们在跟对方赌气。或许是调解员的话触动了老陈，他突然站了起来，走到女儿身旁。

老陈：不管以前错也好，对也好、咱们不要再提了，已经过去了。有些事情已经无法挽回了，知道不知道？我们要想盖新房，咱再努力，都无所谓。

调解员：实际上你爹这几年不想你们是不可能的，他经历的磨难也不少，到现在也没个房子，还租房子住，两个闺女这么大了，也不能守住他，难道他心里好受吗？以后多打电话，多关爱，彼此关心对方，好不好？

豆豆：好。

解说：看到眼前父女三人和好如初，我们也衷心希望父女三人能在以后的日子更加珍惜彼此，珍惜亲情。因为无论有没有房子、有没有宅基地，只要有人在、有情在，哪里都是家。

记者　董志强

第 4 章　可怜天下父母心

> **点　评**
>
> 　　这哪里是暗战，完全是明战，父女之间因为意见不合，仅有的亲情也被忽视了。
>
> 　　婚姻自由，父母不能粗暴干涉子女的婚姻，同样，子女也没有权利干涉父母。
>
> 　　没有了母亲，这个家的凝聚力就少了很多。如果父女双方都愿意彼此尊重、彼此支持、彼此安慰，过亲情融融的热乎日子，再婚也好，宅基地也好，都是可以商量的。可就是因为女儿跟父亲有隔阂，彼此不信任，加上对财产也有自己的私心，矛盾当然就闹起来了，以至于伤了亲情。
>
> 　　如果他们能看到这些问题的根源，开始彼此珍惜彼此信任，那么现在还不算晚。
>
> 百姓评论员　许蔚虹

法律解析

　　本案中，老陈和前妻所有的财产属于双方共有财产。根据《中华人民共和国继承法》第十条的规定，老陈妻子去世后，两女儿和老陈对前妻的财产有分割继承的权利。如果老陈妻子没有立遗嘱，老陈和两女儿各享有老陈妻子遗产的三分之一份额，老陈享有夫妻共有财产的二分之一份额，这样老陈依法享有夫妻共有财产中三分之二的份额。

　　两女儿要求老陈将房产登记在她们名下没有法律依据。作为成年人的两个女儿，老陈未经她们同意将家中一处宅基地私自转让给三弟却又不妥。根据《中华人民共和国婚姻法》第二条的规定，法律实行婚姻自由，两个女儿不能因财产问题干涉老陈再婚，另外根据《中华人民共和国婚姻法》第十八

叩开幸福之门

条规定，一方的婚前财产归一方所有，即使老陈与他人结婚也不影响老陈和两个女儿的财产利益，两女儿不用担心财产受损，更不能以此干涉老陈的婚姻。

河南方邦律师事务所　付志勇律师

后记

幸福是一种信仰

　　幸福的家庭是相似的，不幸的家庭各有各的不幸。《百姓调解》栏目开播已经快五年了，五年来我们成功调解了无数家庭矛盾，让许多濒临分崩离析的家庭重新走上了人生的正常轨道，这是我们感到最幸福的事。

　　家庭是社会的细胞，每个家庭都幸福，社会才能和谐。化解矛盾本身就是造福他人、造福社会。《百姓调解》栏目本着真心、真诚的态度做节目，虽然在调解的过程中也遇到过各种棘手的家庭难题、各种各样难打交道的人，好在我们坚信"世上只有想不通的人，没有走不通的路"，凭着诚意、耐心和智慧，所有问题最终都得到了圆满解决。

　　"别人的悲剧有可能成为自己的悲剧，别人的不幸有可能成为自己的不幸。"有些观众看《百姓调解》是好奇别人的家庭生活，爱看热闹；有些观众是看产生矛盾的原因，找教训，有感悟，有收获，在经营自己家庭生活的时候能有效规避矛盾、化解矛盾。我们期待后一类观众越来越多。

　　在刚刚过去的全国两会上，习近平总书记再一次阐释了"中国梦"的深刻含义，让它成为了我们千千万万中国人共同追寻的美好理想！其实千万家庭的和谐幸福又何尝不是最美的"中国梦"！

　　现在我们要出书了，应广大观众的需求，将往期的一些调解实录整理汇编，集结成书，希望能对读者有所裨益。

　　让幸福成为一种信仰，让我们的节目拥有触及灵魂、直指人心的力量，让美丽的中国梦早日实现，我们日夜前行在寻梦的路上……